**Meine Jahre mit
Hamburg-Heiner**

# Sven Regener
# Meine Jahre mit Hamburg-Heiner Logbücher

Galiani
Berlin

Verlag Kiepenheuer & Witsch, FSC-N001512

2. Auflage 2011

Verlag Galiani Berlin
© 2011 Verlag Kiepenheuer & Witsch GmbH & Co. KG, Köln
Alle Rechte vorbehalten. Kein Teil des Werkes darf in irgendeiner Form (durch Fotografie, Mikrofilm oder ein anderes Verfahren) ohne schriftliche Genehmigung des Verlages reproduziert oder unter Verwendung elektronischer Systeme verarbeitet, vervielfältigt oder verbreitet werden.
Umschlaggestaltung: Rike Weiger, Berlin
Autorenfoto: © Charlotte Goltermann
Lektorat: Esther Kormann
Gesetzt aus der Stempel Garamond
Satz: Rike Weiger, Berlin
Druck und Bindung: GGP Media GmbH, Pößneck
ISBN: 978-3-86971-035-8

Weitere Informationen zu unserem Programm finden Sie unter www.galiani.de

# I
# Berlin.de-Blog

19.9.2005 bis 7.10.2005

Montag, 19.09.2005
# Ob das wohl klappt?!

Na bitte, klappt doch! Später mehr.

## Das blogg ich ab.

Okay, ich muß mich hier erstmal reinfinden. So gegen den 3., 4. Oktober dürfte ich mich eingewöhnt haben. Dann endet diese Aktion.
Schlimm.
Habe vorhin die ersten Kommentare auf meinen ersten Eintrag gelesen, der nur ein Testeintrag war und sonst nichts. Das ist mir alles zu viel. Nicht schlimm, nur zuviel. Kriege ich sofort Hemmungen. Das ist ja wie Peepshow mit Gespräch! Habe daher beschlossen, ab sofort keine Kommentare zu diesem Blog mehr zu lesen. Allen anderen seien sie allerdings empfohlen. Und sei es nur aus Unkenntnis.
War auf dem Kudamm. Kam am Geschäft von Villeroy & Boch vorbei und mußte dabei an Udo, unseren früheren Busfahrer, denken, der immer, wenn er aufs Klo ging, sagte, er ginge jetzt auf die Villeroy-und-Boch-Ausstellung. Später ein Interview mit dem Spiegel, von dem man noch nicht genau sagen kann, ob es gebracht wird. Aber sehr nett. Hab wahrscheinlich zuviel geredet. Und zuviel Quatsch. Mache ich immer.
Erik Hauth von Berlin Online schrieb mir zur Einstimmung: »Wichtig hierbei ist vielleicht noch der Hinweis, dass es sich beim Bloggen schickt, auf andere Blogs einzugehen.«
Das kommt mir komisch vor. Da muß ich erstmal drüber nachdenken.
Im großen und ganzen ist es aber, soviel sei schon mal als Frucht ersten Nachdenkens verraten, ein Zeichen der Zeit, daß das Selbstreferentielle und auch das Sich-nach-innen-Wenden der subkulturellen Identifikationsmodelle immer offensiver wird, denn, soviel habe ich auch schon mitbekommen, daß die Blog-

ger wohl eine geschlossene Gesellschaft sind oder so was. Jeder bloggt für jeden und jeder gegen alle. Alte Kumpel und so.
Thomas Knüwer zum Beispiel bloggt für's Handelsblatt die folgenden Zeilen aufs virtuelle Papier:
»Nach den eher enttäuschenden Weblogs des ›Stern‹ (die vielleicht ja noch besser werden) erreicht mich gerade die Nachricht, dass noch jemand, der wunderbar mit Worten jonglieren kann, bloggen wird: Sven Regener und die Mannschaft von Element of Crime.
Element of Crime ist, das sei für die Nichtwissenden ergänzt, eine wunderbare deutsche Gruppe, die herzverbiegende, romantisch-schräge Musik zu Gehör bietet. Regener ist ihr Sänger und Trompeter. Und er ist Bestsellerautor mit den Werken ›Herr Lehmann‹ und ›Neue Vahr Süd‹.«
Tja, und dann zitiert er den Quatsch aus unserer EOC-Website von wegen ein Blog wird kommen usw., um dann unten drunter noch zu schreiben:
»Vielleicht macht Regener ja nach dem 4. Oktober noch weiter, dann hätte Klein-Bloggersdorf die Hauskapelle, die es verdient.«
Dazu sind drei Sachen zu sagen:
1. Thomas Knüwer ist ein herzensguter und feiner Mensch, von dessen Sorte es ruhig mehr geben könnte.
2. Das könnte ihm so passen.
3. Beachten Sie den Begriff »Klein-Bloggersdorf«. Da ist der – zugegeben ironisch gebrochene – Zweifel am eigenen Tun doch schon subtextuell unterlegt.
Starker Begriff: subtextuell unterlegt. Da könnte ich jetzt stundenlang drüber nachdenken.
Zur Strafe ohne Abendbrot ins Bett.

Dienstag, 20.9.2005

# Single-Charts

Eben gerade rief Daniel Lieberberg an: Die Delmenhorst-Single von Element of Crime ist auf 52 in die Single-Charts eingestiegen.
Sven: Wahnsinn.
DL: Genau. Ist doch gut.
Sven: Super ist das.
DL: Genau. Ist doch super.
Sven: Astrein.
DL: Genau.
… kurzes Schweigen …
Sven: Naja, das gab's jedenfalls noch nie, daß wir in den Single-Charts waren.
DL: Genau. Das ist super, da gibt's nichts zu meckern.
Sven: Finde ich auch.
DL: Genau.
Und so weiter.

# Hamburg, Heiner, Haeusler

In 10 Tagen kommt das neue Element-of-Crime-Album raus. Auf dem Helmholtz-Platz kleben schon Plakate mit »Out Now«. Na vielen Dank auch.
Auch gut: Mein Telefonat mit Hamburg-Heiner. Hamburg-Heiner rief mich an wegen des gestrigen Blog-Eintrags und beschwerte sich, daß da nicht genug Sex und Drugs und Rock 'n' Roll drin wären.
Sven: Wieso das denn nicht?
HH: Was fragst du mich? Du hast das doch geschrieben!
Sven: Ja, aber da ist doch alles voll von Sex und Drugs und Rock 'n' Roll.
HH: Echt? Wo denn?
Sven: Naja, Sex jedenfalls. Sex kommt vor.
HH: Echt? Wo denn?

Sven: Naja, der Kudamm wenigstens.
HH: Was hat denn der Kudamm damit zu tun?
Sven: Nun komm schon, der Kudamm ist doch praktisch die Reeperbahn von Berlin.
HH: Ha!
Sven: Wenigstens ein bißchen.
HH: Das ist ja wohl das Dämlichste, was ich je gehört habe.
Sven: Wieso denn nicht?
HH: Weil der Kudamm die Mönckebergstraße von Berlin ist.
Sven: Das ist Quark. Die Mönckebergstraße ist eine Fußgängerzone. Die ist praktisch die Wilmersdorfer Straße von Hamburg.
HH: Jedenfalls nicht die Reeperbahn.
Sven: Nein, die Reeperbahn von Hamburg ist natürlich die Reeperbahn.
HH: Stimmt.
Womit auch das geklärt wäre.
Der Tag: Telefoninterviews. Morgens beim Trompeteüben besonderen Wert auf Bindeübungen gelegt. Dann nach Bloggern gesucht, auf die man im Erik Hauthschen Sinne eingehen kann.
Frage: Warum bloggen Sie?
Sven: Weil ich dann auf die anderen Blogger eingehen kann.
Frage: Stark!
Okay, hier für Erik ein Eingehen auf einen anderen Blogger: Johnny Haeusler schreibt: »Deutsche Blogger haben's eigentlich ganz gut. Hier ist die Bloggemeinschaft noch überschaubar, es gibt wenig Trolle bei den Lesern und auch die Themenauswahl passt meistens.«
Find ich gut! Macht mich froh.
Zur Strafe ohne Fernsehen ins Bett.

Mittwoch, 21.9.2005

# Quark, Quark, Quark!

So also ist das, wenn man in den Single-Charts ist: Kinder flechten Blumenkränze, wildfremde alte Leute klopfen einem auf der Straße auf die Schulter und der HNO-Arzt gibt eine Runde Nasentropfen aus.
Stark.
Außerdem Glückwunsch-Mails aus allen Richtungen. Das hat uns alten Säcken keiner zugetraut. Thomas M. Stein hat seine Hilfe zugesagt, falls wir mal ins Fernsehen wollen. Danke, Thomas. Wir kommen drauf zurück!
Ansonsten: Tristesse! Deutschland total kaputt. Jedenfalls mein Paar Lieblingsschuhe. Total kaputt. Genau wie Deutschland. Der Mann von der Frankfurter Rundschau bei dem Telefoninterview gestern hatte mehr oder weniger auch bloß wissen wollen, warum Deutschland so kaputt ist. Ausgerechnet von mir. Bin ich schuld? Wahrscheinlich.
Heute kam das Interview gleich per E-Mail zum Authorisieren. Habe mindestens zehnmal das Wort »Quark« benutzt. Hätte ich nicht auch mal »Quatsch« oder »Blödsinn« sagen können? Zehnmal die gleiche Metapher, wie stumpf ist das denn?! Hab's aber so gelassen. Man muß wissen, wann man verloren hat.
Im Supermarkt rief jemand dauernd »Sandy, Sandy!«. Mußte an Sponge Bob denken. Ist das Regression? Ja. Ist es.
Schlimm!
Hier dagegen Bongogott a.k.a. Richard Pappik in seiner Mail zum Thema S-Charts: »singlecharts, singlecharts, hm, hm, hm, lalala! gruss! r.« Ein Mann wie ein Fels!
Beim Trompeteüben Stakkato-Etüden gedudelt. Oder besser: getackert. Gibt nichts Besseres, um sich für ein kaputtes Deutschland fit zu machen.
Mittags essen mit Kächele. Waren uns einig: Deutschland total kaputt. Dazu gab es Backhendl mit Kartoffelsalat. So geht's natürlich auch!
Beim Gitarrenbauer die Gretsch abgeholt. Wackelkontakt be-

seitigt. Kosten: Nix. Einfach so. Für Gotteslohn. Bin beschämt, so schlecht über mein Land gedacht zu haben.
Und so gehen die Tage dahin. Noch neun bis zur Veröffentlichung des neuen Albums, und der Mann, der gestern die Plakate mit »Ab jetzt im Handel« geklebt hat, sagt, da sei er wohl etwas voreilig gewesen. Nix! Nur seiner Zeit voraus. Deutschland, total weit vorn!
Wer bloggt denn noch so? Wie können wir Erik Hauths Schicklichkeitsempfinden befriedigen? Mal sehen:
»Cascabel« schreibt in ihrem Blog »Chili und Ciabatta«: »Da wir am Wochenende Besuch hatten, habe ich einen Blechkuchen gebacken. Nicht den üblichen Zwetschgendatschi mit Hefeteig oder Quark-Öl-Teig, sondern einen mit Rührteig, der mir persönlich viel besser schmeckt.«
Schon wieder das Wort Quark. So kann man es also auch benutzen. Sollte ich mir ein Beispiel dran nehmen.
Zur Strafe ohne Socken ins Bett!

Donnerstag, 22.9.2005

# Kollege Krake und das verschollene Oktopusgedicht

Was für ein Tag: drei Stunden Meldeamt, dann Trompeteüben. Vor allem Tonleitern. Ein Trompeter hat es in Rockbands ja nicht leicht, wenn er B-Trompete spielt: E-Dur wird zu Fis-Dur, sechs Kreuze, schlimm, man ist ja leider kein Gruft, denn der Gruft, das hat mir Ch. Komorowski mal versichert, und der muß es wissen, macht sich auch mal gerne ein Lied mit vielen schwarzen Tasten, nicht aber der Rocker, oder wenn, wie bei E-Dur, sind es die falschen, Schwamm drüber, wir haben alle unsere Probleme, obwohl, Gruft müßte man sein, her mit dem Cajal-Stift, gib mir weiße Schminke, trauriger Freund, Deutschland bleiche Mutter, aber wo sind die Arbeitsstellen für Gruft-Trompeter, wo sind sie denn? Eben. Dann also Tonleitern üben. Man muß nehmen, was man kriegt in diesen Zeiten. Danach beim Japaner: Frittierte Tintenfischarme in Tintenfischlebersauce. Faszinierend, das wußte ja hier niemand, daß die auch Lebern haben. Erinnerte mich ansonsten auch angenehm an die vielen Griechenland-Urlaube früher. Der Tintenfisch hat es ja in Griechenland nicht leicht. Kaum gerät er in griechische Gewässer, ist er schon so gut wie tot. Ich habe dazu mal ein Gedicht geschrieben, auf der schönen Insel Paros im Ägäischen Meer, auf eine Postkarte an Germar Grimsen, der es später sogar im Salmoxis-Boten, seiner Dreimonatsschrift der etwas anderen Art, veröffentlichte. Es ging so:
»Oktopusgedicht I
Ein Oktopus, der seine Arme gab
Die jetzt erstarrt in Locken und verbrannt zu schwarzem Gummi davon künden
Daß blaues Meer und blauer Himmel nur ein Scheiß und keinesfalls der Garten Eden sind
Wenn Fischerboote nicht nur malerisch in lauem Hafenwasser dümpeln
Sondern dich finden in den Tiefen deiner Welt

Und dich zum Himmel holen wo sie deine Arme rauben
Ein solcher Oktopus
Der mag an Gott nicht glauben«
Naja, gar nicht mal so schlecht. Aber auch nicht supergut. Irgendwo in der Mitte. Hab's gerade erst wiedergefunden unter www.Salmoxisbote.de. Soll keiner sagen, das Internet wäre für nichts gut. Zum Wiederfinden verschollener Oktopusgedichte taugt es allemal.
Ein Oktopusgedicht II hatte es auch gegeben und das hatte ich viel besser gefunden. Irgendwie genialischer, drängender, verdichteter im Reiner Kunzeschen Sinne, aber auch forscher, in die Fresse hauender, so auf die Wondratscheksche Weise quasi. Aber Herr Grimsen war anderer Meinung gewesen. Oktopusgedicht 2 hat es nie in den Salmoxisboten geschafft. War dort nicht erwünscht. Mußte leider draußen bleiben. Darum auch im Netz nicht verewigt. Nur gut, daß ich's auswendig kann …
Noch 8 Tage, bis die Platte rauskommt. Heute schickte die Plattenfirma 2 Exemplare. 2. In Worten: zwei. Später kommen mehr, sagen sie. Zwei Exemplare. 8 Tage vor Veröffentlichung: 2. Ob die anderen wirklich alle für was anderes gebraucht werden? Und wenn ja, sollte man das als gutes Zeichen nehmen? Darüber sollte man mal diskutieren! Mit Thomas M. Stein vielleicht. Aber ohne mich, bitte.
Habe ich schon erwähnt, daß ich Thomas M. Stein mal live erlebt habe? Aber nicht bei der Echo-Verleihung oder so, nein, sondern in der Bochumer Fußgängerzone. Er kam mir im Jogginganzug mit einem Dackel an der Leine entgegen, und ich dachte noch: Das kann doch unmöglich sein, daß Thomas M. Stein im Jogginganzug mit einem Dackel in der Bochumer Fußgängerzone herumläuft. Aber da sagten hinter mir zwei brave Arbeiterjugendliche, die gewiß auf dem Weg in das nächste Elektronik-Geschäft waren: »Guck mal! Thomas M. Stein!« Nun gut, war ich jedenfalls nicht der einzige, der sich verguckt hat.
Und ich will auch nicht der einzige sein, der sich von Erik Hauth schlagen läßt, weil er nicht auf andere Blogger eingegangen ist. Deshalb soll hier zum Thema Oktopus auch mal ein an-

derer zu Wort kommen. In »Nuku's Collage of life: images, impressions and thoughts« heißt es ( schon um einiges lakonischer als in Oktopus I): »Nicht nur roh schmeckt Kollege Krake. Das heutige Mittagessen: Gebratener Reis mit Oktopus – Nakji Cheolpan Bukkeumbab.«
Kollege Krake! Das ist stark. Sehr stark. Da schmiert Oktopus I schon mal ziemlich ab. Da müssen schwerere Geschütze aufgefahren werden, da hilft alles nichts, da ist es Zeit für:
»Oktopusgedicht II:
O Oktopus – hab acht!«
Zur Strafe ohne Pixi-Buch ins Bett.

Freitag, 23.9.2005

## Popliteratur

Noch 7 Tage, bis die Platte erscheint. Die Nerven werden dünn, die Tage kürzer, und heute schickte die Universal 50 CDs. 50! In Worten: Fünfzig! Schäme mich jetzt wegen gestern und dem, was ich geschrieben habe. Tolle Plattenfirma.
Leander rief an. Muß heute abend in die Riverboat-Talkshow wg. seinem neuen Film, NVA. Der übrigens sehr, sehr gut ist. Und nächsten Donnerstag anläuft. Naja, jedenfalls geht er jetzt dafür in die Riverboat-Talkshow. Ich sollte auch mal in die Riverboat-Talkshow gehen. Dann war ich vorher noch schnell bei 3 nach 9 gewesen und danach haben die plötzlich abgesagt. Tja, rätselhaft. Die Gage gab's trotzdem. Viel Glück, Leander! Trink für mich einen mit.
Ansonsten: Bindeübungen auf der Trompete. Es gibt nichts Besseres, um den Ansatz zu stärken und seine Nachbarn zu quälen. Gottseidank war ich im Übungsraum, da gibt es nur Musiker als Nachbarn. Die haben es ja nicht anders gewollt!
Später neue Schuhe vom orthopädischen Schuster abgeholt. Haben jetzt feste Einlagen. Puh, das sind Erlebnisse! Kann man eigentlich keinem erzählen. Aber was für Schuhe. Ich wünschte jetzt, ich könnte einen digitalen Fotoapparat zum Einsatz bringen und ein Bild dieser Schuhe irgendwie hier reinstellen. Wahnsinnsschuhe. Würde ich jetzt noch die Marke nennen, wäre das hier Popliteratur. Leider weiß ich sie nicht auswendig und ich mag sie nicht ausziehen, um innen nachzugucken. Sollen immer am Fuß bleiben. Geht sowieso alles keinen was an. Hauptsache keine nassen Füße, sage ich immer. Was hat es schon zu bedeuten, wie so Schuhe aussehen, das ist doch alles oberflächlicher Tand, Schuhe haben oben was und unten was und sind im Winter warm, Auto hat vier Räder und macht rollroll, form follows function, Konsumgesellschaft schlimm!
Schlimm aber auch, daß man überhaupt Einlagen braucht. Sprach neulich mit Thomas darüber, aber nicht mit Thomas M.

Stein, sondern mit Thomas E., dem bekannten Maler. Thomas hatte angefangen:
Thomas: Weißt du, was neulich war?
Sven: Nein.
Thomas: Da ging ich so die Straße lang, und auf einmal taten mir die Füße weh.
Sven: Kenn ich.
Thomas (lacht): Mußt du dir mal vorstellen, da gehst du einfach so die Straße lang, und dann tun dir die Füße weh. Die Füße!
Sven: Kenn ich.
Thomas (lacht noch mehr): Stell dir das mal vor: Die Füße. Als wenn die sich zu beschweren hätten, daß man irgendwo langläuft. Ich meine, dazu sind die doch da!
Sven: Kenn ich.
Thomas (wieder ernst): Fand ich irgendwie gut.
Sven: Mit Einlagen hört das auf.
Thomas: Da merkt man irgendwie, daß man alt wird. Das ergibt ganz neue Gesprächsmöglichkeiten, sowas.
Sven (Feuer fangend): So Wartezimmergespräche!
Thomas: Genau. Mit Wasser in den Beinen und so.
Sven (begeistert): Schlimm!
Thomas: Genau.
Und immer so weiter. Was würde Erik Hauth dazu sagen? Geh auch mal auf die anderen Blogger ein, würde er sagen. Und recht hat er:
Im »Mawalog« von Matthias Warkus heißt es:
»Hatte ich erwähnt, dass ich Schuhe gekauft habe?
So turnschuhartige Schuhe. Dunkelgrau-schwarz mit orangefarbenen Streifen an der Seite.
Technischer Fortschritt ist übrigens toll. Ich erinnere mich noch an die Zeit, als ich noch orthopädische Einlagen getragen habe. Da musste man Nike-Air-Schuhe kaufen, wenn man Stoßfederung im Schuh haben wollte.
Heute hat jeder drittklassige Rentnerwanderlatschen Stoßfederung. Meine neuen Turnschuhe natürlich auch. Ich trage schon ewig keine orthopädischen Einlagen mehr und habe trotzdem

weniger Fußschmerzen als je zuvor, obwohl ich jeden Tag mehrere Kilometer zu Fuß zurücklege.«

Tja, wie niederschmetternd ist das denn?! Die Erkenntnis, alles, aber auch wirklich alles falsch gemacht zu haben, kommt über mich wie ein Schlag ins Gesicht mit einem nassen Frotteelappen von Ikea, um hier auch einmal einen Anwärter auf die sperrigste Metapher des Tages auf die Reise zu schicken.

Turnschuhträger müßte man sein!

Zur Strafe ohne Einlagen ins Bett.

Samstag, 24.9.2005

## Sorry, Sorry, Sorry!

Noch 6 Tage, bis die Platte erscheint.
Schöne Kritik in der FAZ: http://www.faz.net/s/Rub117C-535CDF414415BB243B181B8B60AE/Doc~E493F84F595A744708E18A70544BE00C4~ATpl~Ecommon~Scontent.html
Grillen im Berliner Umland. Jetzt müde. Rauchvergiftung. Erik Hauth und Thomas M. Stein: Verzeiht!
Zur Strafe ohne Senf ins Bett!

Sonntag, 25.9.2005

# Ory's Creole Trombone

Noch 5 Tage, bis die Platte erscheint. Und Sonntag. Gespenstisch schönes Wetter draußen.
Gute Sonntagmorgenlieder:
Velvet Underground: Sunday Morning
Und das war's auch schon. Mehr fallen mir nicht ein. Ich weiß ja nicht, was die hier in die Kommentare schreiben, weil ich die ja nicht lese, aber darüber könnte man ruhig mal diskutieren: Lieder über Sonntagmorgen jenseits von VUs Sunday Morning. Da muß es mehr geben als nur das eine. Mal drüber nachdenken. Sobald es wieder geht. Denn der Sonntagmorgenblog ist ja quasi, das habe ich mir jetzt mal so zurechtgelegt, der Dixielandfrühschoppen unter den Blogs. Noch angeschlagen von den Exzessen der letzten Nacht wankt der jazzaffine, gutverdienende Mittvierziger unter den Klängen von »I Scream, You Scream ...« zum Thresen der Dixielandfrühschoppen-Behausung und holt sich erstmal ein Stützbier und eine Schmalzstulle. Beim zweiten Set geht's dann meist schon wieder ...
Als Kind ging ich sehr gerne zu Dixielandfrühschoppen, das war Anfang bis Mitte der 70er Jahre. Dixielandfrühschoppen waren damals der letzte Schrei für Leute in meinem jetzigen Alter, das ich damals allerdings noch nicht hatte. Als Zwölfjähriger – ich weiß nicht, wie das heute ist – war man damals bei Dixielandfrühschoppen ein Außenseiter. Zur Belohnung kam man umsonst rein. Jedenfalls dann, wenn man es so machte:
Sven: Ich muß da mal rein.
Kassenmann: Warum denn?
Sven: Ich muß meinem Vater was ausrichten.
Kassenmann: Was denn?
Sven: Von meiner Mutter.
Kassenmann: Ach so.
Und das war's schon. Drin war man. Irgendwann wurde ich nur noch durchgewunken. Drinnen spielten die immergleichen Bands die immergleichen Stücke, I Scream, You Scream ...,

Bourbon Street Blues usw. usf., das ganze Chris-Barber-Programm rauf und runter. Ich war wegen der Trompeter da. Außerdem hoffte ich immer, daß auch mal was anderes gespielt wurde, schließlich hatte ich alle Chicago-Aufnahmen von Louis Armstrong zu Hause und wußte, daß es ein oldtimejazzmusikalisches Leben jenseits von I Scream und Bourbon Street Blues gab. Irgendwann faßte ich mir ein Herz und fragte die Musiker in der Pause, ob sie nicht mal »Ory's Creole Trombone« spielen wollten.
Wollten sie nicht.
Rätselhaft!
Thomas M. Stein habe ich damals nie getroffen. Er war vor über dreißig Jahren wahrscheinlich auch noch zu jung für D-Frühschoppen. Oder nicht jung genug. Sicher noch gar nicht geboren war dagegen Erik Hauth, dem zuliebe ich gerne auch mal jemand anderen zu Wort kommen lasse. Bei gumia.de, Theo Huesmanns Blog mit dem Titel:»Kulinarische Notizen für Genießer«, wird folgendes berichtet:
»Mit einmaligen Eindrücken, einem zünftigen Dixieland-Frühschoppen und einigen Superlativen ist am Sonntag der 20. Laurentiustag des Verbandes der Köche Deutschlands e.V. (VKD) in Dresden zu Ende gegangen. Mehr als 1.400 Köchinnen und Köche aus ganz Deutschland trotzten dem Regenwetter und bildeten einen bisher nie dagewesenen 1,5 km langen Zug durch das ›Florenz an der Elbe‹.«
Na sieh mal einer an: Es geht doch. Aber die Setlist von dem D-Frühschoppen, die hätte ich gerne mal. Und sei es nur um auszuschließen, daß »Ory's Creole Trombone« drauf ist.
Florenz an der Elbe, Florenz an der Elbe – was könnte gemeint sein? Magdeburg? Hamburg? Nein, haha, Dresden natürlich. Klar. Elbflorenz, ihr Banausen. Berlin: Spreeathen. Hamburg: Venedig des Nordens. Bremen: Das Dublin an der Weser. Delmenhorst: Delmenhorst.
Stark. Naja, das mit Bremen habe ich mir ausgedacht.
Jetzt erstmal ins Berliner Umland zurück. Irgendwo gibt's sicher ein Schmalzbrot mit Gürkchen.
Später Mittagsschlaf. Wird unterschätzt!

Montag, 26.9.2005

## Ordentlich was auf die Schnauze

Noch vier Tage bis die Platte erscheint.
»Sehr geehrter, lieber Herr Regener, freuen Sie sich heute auf ihren neuen Rotkreuz-Kalender, auf ein Stück Beständigkeit in dieser unruhigen Zeit.«
Das ist schön gesagt. Schön ist auch der neue Rotkreuz-Kalender, ein kleines DIN-A6-Heftchen mit leuchtend rotem Deckblatt, oben und unten einem weißen Streifen, darin unten in Schwarz die Worte »Deutsches Rotes Kreuz« und oben, am Rand des roten Felds, in Weiß die Zahl »2006«. Perfekt. Und tatsächlich ein Stück Beständigkeit, soweit bei einem Kalender von so etwas die Rede sein kann, ich meine, da ändert sich doch jedes Jahr alles, die Wochentage im Verhältnis zu den Daten, die Schulferien, wann Ostern ist usw. usf., schlimm.
Beständig aber meine Mitgliedschaft im Roten Kreuz. Eisern. Nicht zu erschüttern. Und besonders haltbar, weil doppelt besser hält. Ich bin nämlich zweimal Mitglied, einmal in Hamburg und einmal in Berlin. Das können nur die wenigsten von sich sagen. Ich bekomme aber trotzdem nur einen Kalender, und das ist auch besser so, es muß ja auch noch ein bißchen Geld für was anderes übrigbleiben.
Weitere Mitgliedschaften: Arbeiter-Samariter-Bund. Arthur-Fitger-Gesellschaft/AO. Und das war's schon. Aus der Deutschen Filmakademie bin ich wieder ausgetreten. Wenn man keine Filme macht, sollte man nicht in der Deutschen Filmakademie sein.
H.P. Daniels hat noch ein Sonntagmorgenlied gefunden: »Sunday Morning Coming Down von Kris Kristofferson fällt mir ein ... fand ich immer einen schönen Song!« schreibt er, und so ist es recht und richtig. Aber das mit dem »Sonntag in der kleinen Stadt«, lieber H. P., das gilt nicht.
Außerdem rief Hamburg-Heiner wieder an.
HH: Hast du die FAZ am Sonntag gelesen?
Sven: Die heißt nicht FAZ am Sonntag, die heißt FAS.
HH: Quatsch, das ist die FAZ am Sonntag. Hast du das über euch gelesen?

Sven: Ja.
HH: Ganz gut, oder?
Sven: Ja sicher!
HH: Kann man nicht meckern!
Sven: Tu ich auch nicht.
HH: Kommt dir das nicht langsam komisch vor?
Sven: Was?
HH: Hast du nicht das Gefühl, daß es langsam mal Zeit wird, daß ihr mit eurer Band auch mal was auf die Schnauze bekommt?
Sven: Also wegen mir ...
HH: Mir wäre das unheimlich. Je länger sich das hinzieht mit der Loberei, desto schlimmer gibt's später auf die Schnauze.
Sven: Das geht aber schon 20 Jahre so.
HH: Mein ich ja! Umso schlimmer.
Sven: Da kommt schon noch was Böses.
HH (hoffnungsvoll): Meinst du?
Sven: Ganz sicher.
HH: Wann?
Sven: Wahrscheinlich demnächst.
HH: Dann ist ja gut.
Ansonsten: Einer dieser Tage, an denen man besser nicht aufgestanden wäre. Irgendwie indisponiert. Bei McDonald's Riesenschlange. Vor dem Geldautomaten auch. Beim Trompeteüben: Intervall-Übungen. Mühselig. CDs an die Verwandten verschickt. Interview mit einem Schweizer. Wollte wissen, warum unsere Lieder immer von Verlierern handeln würden.
Sven: Was meinst du mit Verlierer?
Interviewer aus der Schweiz: Na so Leute, die in Kneipen sitzen, Bier trinken und so.
Sven (ungläubig): Das macht einen zum Verlierer?
Interviewer aus der Schweiz: Na so nach der Sperrstunde noch. Und dann so selbstmitleidig wegen den Frauen.
Sven: Aber das kommt doch in den Liedern gar nicht vor. Außerdem gibt's bei uns überhaupt keine Sperrstunde.
Interviewer aus der Schweiz: Ach so ...
Zur Strafe ohne Bier ins Bett!

Dienstag, 27.9.2005

## **Unterm Säufermond**

Noch drei Tage, bis die Platte erscheint.
Heute erst mal zum Arzt gegangen, EKG machen lassen. Blutprobe auch.
Danach Schreck gekriegt: Gema-Abrechnung in der Post. Gestern im Blog bei Mitgliedschaften die Gema vergessen. Hoffentlich schmeißen die mich jetzt nicht raus! Außerdem vergessen: Mitgliedschaft in der GVL und der VG Wort.
Schlimm.
Zitate für Spiegel-Artikel checken. Haare schneiden lassen. Dann Liste von 15 Songs für eine Sendung bei Radio Bremen gemacht:
Eagles of Death Metal: I only want you
Percy Sledge: That's how strong my love is
Kettcar: Balu
Tomte: Schreit den Namen meiner Mutter
John Cale: Irgendwas von seinem neuen Album
Velvet Underground: Candy Says
Sons and Daughters: Fight
Tocotronic: Nach Bahrenfeld im Bus
Solomon Burke: A Change Is Gonna Come
Metallica: Nothing Else Matters
Phillip Boa: Kill Your Idols
Stranglers: Peaches
Einstürzende Neubauten: Halber Mensch
Bob Dylan: Subterranean Homesick Blues
Udo Lindenberg: Unterm Säufermond
Auf den letzten Titel bin ich besonders stolz! Udos Version von Windmills Of My Mind. Sowas muß man sich auch erst mal trauen!
Dann Zitate für Welt und Tagesspiegel checken. Mein Gott, was man in diesem Interviews alles so dahersagt – schlimm! Hab's aber so gelassen: Die sollen ruhig wissen, daß Musiker auch Pfeifen sein können. Schön singen ist das eine, schlau reden was

ganz anderes. Naja, hätten sie sich auch selbst denken können. Muß morgen wegfahren. Interviews, Radio, Fernsehen und so Sachen. Spiele mit dem Gedanken, mir für solche Kurztrips mal eine Checkliste zu machen, damit man das Handyladegerät nicht immer vergißt. Die würde dann so aussehen:
»Handyladegerät«
Der Rest ergibt sich ja von alleine.
Mit Reisefieber ins Bett!

Donnerstag, 29.9.2005
# Delmenhorst 11,5 km

Noch 1 Tag, bis die Platte erscheint.
Radio Bremen Fernsehen: Beim Verlassen des Bahnhofs (»Das brauchen wir noch mal«), vor Schild »Delmenhorst 11,5 km«, in der Straßenbahn, am Sielwall und an der Weser gefilmt worden. Für Buten und Binnen.
Und in einem Getränkeshop am Sielwall. Sehr, sehr netter Mann dort. Hat mir eine Flasche Guinness geschenkt. Der kennt seine Pappenheimer. Oder hat mich mit Harry Rowohlt verwechselt. An der Weser auf Höhe Sielwallfähre bemerkte ich, daß die Weser mir aber reichlich schmal vorkommt. »Das liegt daran, daß gerade Niedrigwasser ist«, kommt die beschämende Antwort vom Kameramann. Beschließe, ab jetzt lieber nichts mehr zu sagen.
Konnte diesen Beschluß beim Radio-Interview nicht durchhalten. Redete ohne Unterlaß über alles und jedes. Schlimm.
Dann weiter nach Köln. Familie nicht getroffen. Keine Zeit. Mußte an Hazy Osterwald denken: »Heimatlos und keine Heimat, arbeitslos und nichts zu tun«! Magische Worte, sollen mein Mantra sein auf dieser abenteuerlichen Reise durch ein wildes, weites Land.
Muß schließen. Der Mann im Internet-Café guckt schon böse. Darf hier nicht zu viel Umsatz machen. Wahrscheinlich ein Geldwäsche-Unternehmen. Paranoia? Ich? Niemals. Ich bin nur der, der's auf teuer gereimt hat.
Zur Strafe schnell raus hier!

Freitag, 30.9.2005
# Danke für Ihre Kritik

Die neue CD ist da. Im Triumphzug tragen festlich gekleidete Einzelhändler sie kartonweise in die Läden, schmücken einzelne Exemplare mit Girlanden und singen dazu festliche Lieder; jubelnde Kunden drängeln sich hinter entnervten Security-Leuten um die besten Startpositionen bei der Ladenöffnung, vor den Shopping Malls zeltende Frühaufsteher werden von nachsichtig lächelnden Polizisten ermahnt, nicht mehr als fünf Exemplare auf einmal zu kaufen, und in Delmenhorst ist gesetzlicher Feiertag.
Herrlich!
Ansonsten: Wieder zu Hause. In Köln gestern noch Fernsehen (Böttinger) und heute Radio (WDR 1Live) gemacht. Alles sehr nette Leute. Im Flugzeug über die Verläßlichkeit aerodynamischer Prinzipien nachgedacht. Wolkenhöhe: 1600 bis 2000 Meter. Da schaukelt es dann am meisten. Auf der Kotztüte stand: »Danke für Ihre Kritik«. Hat mir gefallen. Verbirgt sich irgendeine tiefere Wahrheit drin. Muß ich mal drüber nachdenken.
Jetzt erst mal die Geschirrspülmaschine ausräumen.

Samstag, 1.10.2005

## Andere Saiten aufziehen!

Dave vom Flughafen abgeholt und mit ihm zur Probe gefahren. Die Songs für zwei Radiokonzerte (FM 4 und 1Live) nächste Woche geprobt. Keine Saite zerrissen. Nehme ich als gutes Omen. Werder Bremen gewinnt unverdient gegen Hertha BSC. Egal! Lieber unverdient gewonnen als verdient verloren. Bei sowas wie dem letzten Satz sieht man schon: Bin, seit ich hier herumblogge, dümmer geworden. Wenn das so weitergeht, wird hier gleich noch Kicker-Online verlinkt (www.kicker.de). Schlimm.
Ich muß unbedingt Kontakt zu Thomas M. Stein aufnehmen.

Sonntag, 2.10.2005

# Weihnacht ist überall

Kriegte und kriegte und kriegte Thomas M. Stein nicht an die Strippe. Meldete sich immer nur Bernd aus Köln.
Sven: Und du bist aber jetzt echt nicht Thomas M. Stein, ja?
Bernd aus Köln: Nö.
Sven: Auch nicht ein bißchen? Oder heimlich oder so?
Bernd aus Köln: Nö.
Sven: Seelenverwandt?
Bernd aus Köln: Nö. Kenn den gar nicht.
Das machte mich dann doch stutzig. Kennt Thomas M. Stein nicht. Was soll das denn für einer sein? So einen gibt's doch gar nicht. Thomas M. Stein kennt doch jeder! Thomas M. Stein ist doch praktisch der Albert Einstein der deutschen Musikindustrie.
Und hat wieder Arbeit. Unter http://www.musikmarkt.de/content/news/news_2.php3?bid=16305&th=16305 wird gemeldet:
»Berlin – In der Jack White Productions AG gibt es zum 5. Oktober 2005 einen Wechsel im Aufsichtsrat: Der Unternehmer Heinz Heiler, selbst Großaktionär der Gesellschaft, tritt von seiner Funktion als Aufsichtsratsmitglied zurück.
Jack White konnte nun den Musikmanager Thomas M. Stein für den Aufsichtsrat gewinnen. Der ehemalige BMG-Chef wird somit die Lücke in einer für die Geschäftsentwicklung der Gesellschaft bedeutenden Weise zu schließen, wie es in einer Mitteilung des Unternehmens hieß.«
Das sind mal Texte, die zitiert werden wollen. Und Aufgaben, die neidisch machen: Lücken auf bedeutsame Weise zu schließen.
Faszinierend!
Ansonsten: Probe mit der Band. Schon wieder keine Saiten zerrissen. Beginne mir Sorgen zu machen: Wenn sie jetzt nicht reißen, wann dann? Während des Konzerts in Wien? In Wuppertal? Weihnachten?

Weihnachten, Weihnachten ... – das kommt ja auch noch! Und noch gar keine Geschenke gekauft.
Schlimm.
Zur Strafe schon mal Baum aufstellen.

Montag, 3.10.2005
# Sorgen

Nichts als Sorgen. Wenn ich gleich nach Wien fliege, was soll dann aus diesem Blog werden? Wo sind in Wien die Internet-Cafés? Und wird die liebe Regine von Stein(!)-Music pünktlich morgen mittag zum Essen kommen?
Heute morgen noch Probe. Gleich geht das Taxi. Wenn ich in Wien nichts eintragen kann, geht dieser Blog bis zum 6.10. weiter.
Schlimm.
Zur Strafe Rauchertaxi bestellt!

Mittwoch, 5.10.2005
# Wim, Wien und Westbahnhof

Das ging vorgestern gleich gut los: Der Luftraum in Wien überfüllt, eine halbe Stunde in Berlin auf dem Rollfeld gestanden. Alle wollen nach Wien. Hatte leider mein Buch in der aufgegebenen Tasche. Schlimm. Las im Galore Interviews mit folgenden Personen:
Anthony Hopkins, Benjamin v. Stuckrad-Barre, David Copperfield, Wim Wenders, Neil Tennant, Julia Hummer, Wolf-Dieter Poschmann, Phillip Boa, Rita Marley, Anton Corbijn, Christoph Maria Herbst und Meret Becker. Faszinierend. Alle besser als meine Interviews.
Schlimm!
Der schönste Satz kam von Wim Wenders: »Städte sind die Bühne, die unser Leben bestimmt.« Könnte ich stunden-, ja tagelang drüber nachdenken: »Städte sind die Bühne, die unser Leben bestimmt.« Komm gar nicht drüber weg.
Harte Landung.
Abends dann Tafelspitz im Café Westend mit Daniela und Josepha von Universal.
Daniela: Du bist immer im Westend, wenn du in Wien bist, ja?
Sven: Ja.
Daniela: Kennst du auch andere Kaffeehäuser in Wien?
Sven: Nein.
Daniela: Das Havelka, da mußt du mal hingehen, das ist auch toll.
Sven: Ja.
Daniela: Das ist super.
Josepha: Stimmt.
Sven: Ich schaff das zeitlich nicht. Muß ja immer im Westend sitzen.
Josepha: Warum?
Sven: Das Westend ist die Bühne, die mein Leben bestimmt.
Josepha: Aha!
Später in einer ORF-Kultursendung, Fernsehen und so. Da-

nach noch eine Käsekrainer am Westbahnhof, auch »Eitrige« genannt. Traute mich das aber nicht zu sagen, am Ende ist das gerade out und man wird beschimpft. Oder, schlimmer noch, wieder weggeschickt.
Am nächsten Tag Interviews im Café Westend und bei FM4. Und für die »Sendung ohne Namen« vom ORF-Fernsehen. Dann wieder Café Westend, Mittagessen mit dem Rest der Band und der Crew. Wiener Schnitzel. Interviews. Danach Soundcheck und Radio-Konzert für FM4 im Radiokulturhaus. Alles so nette Leute. Und keine Saite zerrissen.
Stark!
Hinterher Käsekrainer für alle. Der Imbiss am Europa-Platz ist ja praktisch die Bühne, die unser Leben bestimmt. Einige nahmen die Käsekrainer als Hot Dog, andere kleingeschnitten, dazu der eine ein Brötchen, der andere ganz ohne, da tun sich Abgründe auf. Mittlerweile sind aber ja die Verhältnisse innerhalb der Band und das Verhältnis der Band zur Crew so, daß das alles stillschweigend toleriert wird. Beängstigend liberal das. Wie sagt schließlich Wolf-Dieter Poschmann: »Ich werde nicht dafür bezahlt, nur angenehme Gespräche zur führen.«
Heute Wuppertal, Rex-Theater, Radio-Konzert für 1Live. Stark. Beim Catering wird von allen versucht, Käsekrainer durch Salami-Käse-Sandwiches zu simulieren. Sinnloses Unterfangen, aber auch irgendwie rührend. Oder, wie David Copperfield sagt: »Wasser wird bei Kälte zu Schnee. Das ist doch total verrückt.«
Heute ist schon der 5.10. Schlimm. Eigentlich ist ja dieser Blog schon vorbei. Ich glaube aber, ich mache bis zum 7.10. weiter. Heute abend noch das Konzert und morgen wieder Berlin und bei Sarah Kuttner. Die hat das Interview mit Benjamin von Stuckrad-Barre geführt, in dem er sagt: »Bitte immer schämen. Das ist genau richtig.«
Mach ich!

Freitag, 7.10.2005

# Ausgebloggt

Und das war's dann mal. Aus die Maus. Blog vorbei. Ist sicher auch besser so, ich habe das meiste ja bis jetzt noch nicht kapiert. Was ist ein Template, geschweige denn ein Template-Katalog? Was ist ein Favicon? Wie macht man die Schose hier fett oder wie macht man den Link hier rein? Was ist überhaupt ein Blog? So jetzt mal im Grunde und so? Was soll das?
Na gut, in meinem Fall war's einfach nur ein kokettes Tagebuch, denke ich mal. Eins, das man noch kurz vervollständigen sollte:
Das Radiokonzert bei 1Live war wunderbar und der Kater am nächsten Morgen gewaltig. Glaubte am Flughafen, überall Thomas M. Stein zu sehen. Schlimm. Sperrgepäckschalter West war geschlossen und wir mußten den ganzen Weg zurück zu Sperrgepäckschalter Ost. Und dann noch fliegen und drauf achten, daß dabei nichts schiefgeht!
Abends dann Sarah Kuttner. Alle so nett zu mir, was ist denn da los? Wissen die, daß ich hier einen Blog am Laufen habe, in dem ich sie jederzeit dissen könnte, oder was? Was ich natürlich niemals tun würde. Und auch nicht muß. Sind ja alle so nett zu mir.
Die Kommentare habe ich immer noch nicht gelesen. Deshalb sollte niemand böse sein, ich nehme mal an, in den Kommentarkellern dieses Blogs, in diesen Darkrooms der Literatur gewissermaßen, wird sich auch gut ohne mich amüsiert. Und darauf kommt's ja am Ende an!
Erik Hauth schreibt in seinem Blog: »Und jeden Tag freue ich mich wieder darüber, der Running Gag zu sein.« Hat mich auch gefreut. Auf Wiedersehen.
Vieles habe ich nicht erzählt. Das liegt in der Natur der Sache. Es muß nicht alles an die Öffentlichkeit. Und manches habe ich mir auch ausgedacht. Im großen und ganzen waren das jetzt mehr als zwei Wochen, in denen sich langsam herausstellte, daß die neue Platte wohl ein ziemlicher Hit werden würde. Die Trendcharts deuten darauf hin, daß wir in der nächsten Woche

in die Top 10 der Album-Charts einsteigen werden. Die Single ist immer noch in den Top 100. Sowas hat es bei uns noch nie gegeben. Naja, mal abwarten, jetzt mal vorsichtig und so. Aber es sieht sehr gut aus.

Irgendwann in den letzten Tagen hatte mich Volker Weidermann von der Frankfurter Allgemeinen darum gebeten, für einen Sonderteil, in dem Autoren zum Thema »Kritik« zu Wort kommen sollten, einen Beitrag zu schreiben. Mit dem will ich schließen. Nicht weil er so toll ist, sondern weil er so kurz ist:

»5 goldene Regeln für Künstler, die Kritik betreffend:

1. Beschwere dich nicht über schlechte Kritik.
2. Bedanke dich nicht für gute Kritik.
3. Betätige dich niemals als Kritiker.
4. Die Welt ist dir nichts schuldig.
5. Du ihr aber auch nicht.«

Auf Wiedersehen. Und vielen Dank.

# II
# Zuender.zeit.de-Blog

1.12. bis 24.12.2005

Donnerstag, 1.12.2005

# Denk an Otto Sander!

Es fing alles damit an, daß Thorsten von Universal anrief.
Thorsten: Ich hab mir mal was überlegt, Sven: Mach doch einfach im Dezember ein Blog.
Sven: Thorsten, jetzt hör aber mal auf. Hab ich doch gerade. Auf berlin.de.
Thorsten: Ja klar, aber das war vom 19. September bis 4. Oktober, das ist doch was ganz anderes.
Sven (väterlich-streng): Thorsten, jetzt komm aber mal zu dir.
Thorsten: Nee, echt mal, das mögen die Leute. Das ist Promo.
Sven (äfft ihn nach): Das ist Promo, das ist Promo! (wieder normal:) Wir haben mal im Dritten Programm vom SFB bei einer Jubiläumssause von der Sendung »Ticket« gespielt, war aber Playback, naja, bin ich auch nicht stolz drauf, Playback und so ... (verstummt deprimiert)
Thorsten: Wieso, was hat das denn jetzt mit ...
Sven (erinnert sich): Ach so, ja, wegen Promo, jedenfalls war da auch Otto Sander, und wir saßen während der Sendung alle in der Bar am Nebenraum und ließen die Biere kommen und Otto Sander auch, und alle 10 Minuten stand er auf und sagte: »Ich geh noch mal durch den Saal, für die Kameras. Fernsehen ist Promo.«
Thorsten: Das ist doch super. Der Mann ist Spitze.
Sven: Ja. Aber da siehst du mal, was Promo ist.
Thorsten: Dann steh halt noch einmal auf und geh durch den Saal, Sven.
Sven: Worum soll's denn gehen?
Thorsten: Advent und so. Element of Crime im Advent.
Sven: Was soll das denn heißen? Rocker beim Nüsseknacken, oder was?
Thorsten: Ja. Und so Kram.
Sven: Ich hab da keine Zeit für, Thorsten. Wir haben am 8.12. einen Auftritt bei Kuttner ...
Thorsten: Wieso, da warst du doch gerade?

Sven: Ja, zum Labern, aber ich meine jetzt so mit spielen und so.
Thorsten: Playback?
Sven: Nein, das machen wir nicht mehr. Und die auch nicht.
Thorsten: Tja ...
Sven: Jedenfalls habe ich da keine Zeit für.
Thorsten (streng): Sven! Am 8.12.! Ein Stück bei Kuttner spielen! Das ist ja nun nicht gerade eine Doppelschicht im Hafen.
Sven: Außerdem muß ich noch einen Text für ein neues Lied schreiben. Für die Single im Februar.
Thorsten: Sven!
Sven: Da gehen wir am 9. und 10. Dezember ins Studio, Thorsten.
Thorsten: Sven! Denk an Otto Sander! Reiß dich zusammen!
Sven: Das will doch keiner lesen.
Thorsten: Ich weiß. Es will auch keiner, daß Otto Sander durch den Saal läuft. Aber Promo ist es trotzdem.
Sven: Wo bleibt denn da die Kunst?
Thorsten: Keine Ahnung. Geht mich nichts an. Außerdem stimmt das nicht, daß das keiner lesen will. Ich lese das ganz gerne. Und Frank auch. Und die Mädchen in Österreich auch.
Sven: Aha! Daher weht der Wind!
Thorsten: Ja, und er weht kräftig gegenan!
Und so ging das immer weiter. Am Ende mußte einer von uns beiden zermürbt nachgeben. Thorsten war's nicht.
Und da sind wir nun. Das Leben von Rockmusikern ist ereignisarm und höchst ergebnisoffen. Guter Stoff für Blogs sieht anders aus.
1. Türchen im Adventskalender: Ein Hase aus Schokolade. Wenn da mal nicht was schiefgelaufen ist ...!

Freitag, 2.12.2005
# Nüsseknacken

Heute versucht, Weihnachtsstimmung zu bekämpfen. Muß ja schließlich noch einen Text schreiben für die Single im Februar. Der kann ja wohl kaum vom Nüsseknacken handeln.
Oder wenn, dann im Sinne von Ed aus Blockdiek (siehe dazu auch: http://www.kirche-bremen.de/blockdiek/ und andere beschönigende Webseiten). Wer in den 70er Jahren in Blockdiek aufgewachsen ist, in der Zeit, in der die hölzerne Notkirche noch stand, und das sind dann ja doch einige, auch wenn sie's heute nicht gerne zugeben, versteht unter Nüsseknacken etwas grundsätzlich anderes als der Rest der Menschheit. Für den in den 70er Jahren in Blockdiek aufgewachsenen Menschen gehört Nüsseknacken in die gleiche Kategorie von Tätigkeiten wie Gesichtabreißen und Schädelaufmachen. Schön ist was anderes. Aber gegen seine Sozialisation kommt man irgendwann nicht mehr an, und dann denkt man bei Nüsseknacken eben eher nicht mehr an Weihnachten. So, wie der eingeweihte Bremer meines Alters beim Wort Blockdiek nicht an die Laienspielgruppe der dortigen evangelischen Kirchengemeinde denkt, ich weiß, wovon ich rede, ich habe es selbst erfahren, als ich 1988 das erste Gespräch mit Jens Koopmann, unserem geliebten Konzertagenten aus Bremen, über eine mögliche Zusammenarbeit zwischen Element of Crime und Koopmann-Concerts führte.
Jens: Wo kommst du denn da her aus Bremen?
Sven: Erst haben wir in der Vahr gewohnt und später in Blockdiek.
Jens: BLOCKDIEK??!!!
Sven: Ja.
Jens: Ich will aber keinen Streit!
Naja, mit mir hätte er sowieso keinen bekommen. Ich gehörte zu denen, die nicht Nüsse knackten, sondern schnell rennen mußten, um nicht die Nüsse geknackt zu kriegen. Die Blockdieker Version eines Hippies quasi. Es muß ja beide Seiten geben.

Oder wie Ed mal sagte: »Hippies? Das waren in Blockdiek die, die Lynnard Skynnard hörten!«
Ich habe ihm nicht widersprochen. Ich wollte keinen Streit.
Heute im Adventskalender: Eine Sternschnuppe aus Schokolade. Jetzt nur nicht weich werden!

Sonnabend, 3.12.2005
# Wenn der Eiermann zweimal klingelt

Ich stand gerade in den Schönhauser-Allee-Arcaden, die, weiß der Himmel, warum, mit c in der Mitte geschrieben werden müssen, und betrachtete verwirrt einen Weihnachtsmann aus Lego, der in einem Formel-1-Wagen aus Lego saß, als Hamburg-Heiner anrief.
Ich weiß immer gleich, daß es Hamburg-Heiner ist, wenn er anruft. Ihm und nur ihm habe ich einen selbstprogrammierten Klingelton jenes bekannten Schlagers zugeordnet, in dem es heißt: »Klingelingeling, klingelingeling, hier kommt der Eiermannn«. Das paßt genau und sollte mir eigentlich eine Warnung sein. Ich gehe aber trotzdem immer ran, damit die Musik aufhört. Wenn man mehr als vier Takte vom Eiermann hört, hat man einen Ohrwurm für zwei Tage. Schlimm!
Sven: Hallo Hamburg-Heiner!
HH: Sag mal, was ist denn mit dir los?
Sven: Wieso?
HH: Machst du schon wieder diese Blogscheiße?!
Sven: Das war Thorstens Idee.
HH: Ja, hab ich gelesen. Welcher Thorsten?
Sven: Von Universal.
HH: Thorsten König?
Sven: Nein, der andere.
HH (entrüstet und moralinsauer): Sag mal ehrlich, für Geld machst du wohl alles, oder was?
Sven: Wieso Geld? Von Geld hat keiner was gesagt.
HH: Das ist ja wohl der allerletzte Nuttenkram, was du da machst.
Sven: Aber ich kriege doch gar kein Geld! Die haben gesagt, das ist Promo.
HH: Promo? Ha! Das habe ich auch gelesen. Du glaubst doch nicht im Ernst, daß wegen so einem Blog einer eure neue Platte kauft.

Sven: Nein. Natürlich nicht. Wegen sowas kauft man doch keine Platten!
HH: Wieso soll das dann Promo sein?
Sven: Keine Ahnung. Frag doch Thorsten.
HH: Quatsch. Das ist doch Nuttenkram.
Sven (versucht, das Thema zu wechseln, eifrig): Das war eines meiner Lieblingsstücke damals, von Deichkind[1] war das, glaube ich, da singen die als Refrain immer: »Nutten, Nutten, überall Nutten«.
HH: Sag ich doch. Nuttenkram ist das!
Sven: Quatschkack. Exklusiver Vorverkaufstag für Inhaber von American-Express-Karten, das ist Nuttenkram.
HH (nachdenklich, nach kurzem Zögern): Meinst du?
Sven (streng): Ja!
HH (seinerseits das Thema wechselnd, scheininteressiert): Und du mußt noch ein Lied schreiben?
Sven: Nur den Text. Die Musik haben wir schon.
HH: Und worüber?
Sven: Weiß noch nicht. Lego vielleicht.
HH: Lego?!!
Sven: Oder Formel 1. Ich hab noch nie einen Text über die Formel 1 gemacht.
HH: Sag mal, Sven, warum hörst du nicht mal mit dieser ausgedachten, verkopften Scheiße auf und schreibst über etwas, was du wirklich erlebt hast, was dich wirklich berührt, ich meine, ein Lied über etwas aus deinem tatsächlichen, authentischen Leben im Hier und Jetzt!
Sven: Ich stehe gerade vor einem Weihnachtsmann aus Lego, der in einem Formel-1-Auto sitzt.
HH: Ach so! Na dann …
Später habe ich dann doch keinen Text geschrieben. Ist ja noch Zeit bis zum 7.12.
Drittes Türchen im Adventskalender: Eine Ente aus Schokolade. Sagt mir nichts.

---

1 Hier irrt der Blogger. Es war DJ Tomilla feat. Spezializtz und Hausmarke.

Sonntag, 4.12.2005

# Frosch sein

Schlimme Party. Wegen Neugeborenem. Da trinken immer gleich alle doppelt so viel, wegen Flaschenneids. Und geraucht wird auf dem Balkon. Schönes Gedränge, auch im Winter. Verbrüderungen ohne Ende. Kind süß. Mußte voller Dankbarkeit an das alte, schöne Gedicht von W. Droste denken, das da lautet:
»Wir wollen so gerne nach Hause
Und kommen nur immer ins Heim
In dieser Stimmung tröstet uns
Das Lied von Element of Crime.«
Guter Mann, trotz alledem.
Jetzt erst mal Alkohol aus dem System drängen.
Im Adventskalender: Ein Frosch aus Schokolade. Will man nicht sein. Hilft aber nichts.

Montag, 5.12.2005

# Eine Krippe aus Besteck, ein Eierlöffel als Kind

Was für ein Tag. So schön grau. An so einen Tag muß er gedacht haben, als Chris Isaac einmal vor vielen Jahren auf eine saublöde Frage eine sehr elegante Antwort gab:
»Frage: Wie würden Sie den Unterschied zwischen Kalifornien und Deutschland beschreiben?
Antwort: Wenn man in Kalifornien morgens aus dem Fenster schaut, dann denkt man: Ein guter Tag, um surfen zu gehen. Wenn man in Deutschland morgens aus dem Fenster schaut, dann denkt man: Ein guter Tag, um eine Bibel zu drucken.«
Oder, möchte ich hinzufügen, um Chrismon zu lesen. Chrismon ist das evangelische Magazin, das einmal im Monat der Süddeutschen Zeitung beiliegt, die Bäckerblume des deutschen Protestantismus gewissermaßen, und es geht einem mit Chrismon wie mit Bier: Hat man einmal damit angefangen, kann man nur schwer wieder aufhören. Da liest man jeden Artikel. Jedenfalls wenn man eigentlich einen neuen Songtext schreiben sollte, aber noch bis übermorgen damit Zeit hat. Und man sich also lieber seiner evangelischen Wurzeln gewahr wird, so verrottet sie auch sein mögen.
Denn das war ja schon mal besser bei Element of Crime: Früher war die Band evangelisch und die Crew bestand ausnahmslos aus Diaspora-Katholiken, es war die rollende Ökumene selbst, die da auf Tour ging, und als wir 1996 auf dem überaus evangelisch geprägten Gaffenberg-Festival spielten, sang Bassist Christian Hartje noch mit evangelischen Jugendfreizeit-Betreuerinnen die ganze Nacht hindurch am Lagerfeuer die einschlägigen Lieder. Heute kommt der Bassist von der Church of England, und ob die evangelisch sind, darüber kann man nur mutmaßen. Kirchentagslieder kann er jedenfalls keine.
Muß er auch nicht. Denn wie es in Chrismon unter der Überschrift: »Stille Nacht statt Jesus-Rap!« so richtig heißt: »Rock? Sehr gern. Aber nicht an Weihnachten.« Außerdem lesenswert:

Was Max Raabe und Andrea Fischer im gemeinsamen Interview zum Thema Sanftmut sagen, die Chrismon-Umfrage des Monats: »Wo werden Sie dieses Jahr den Heiligen Abend verbringen?«, und ein Artikel der Bischöfin Käßmann, in dem sie feststellt: »Advent und Weihnachten sind mir so lieb, dass ich sie eigentlich unter eine Art Naturschutz stellen möchte!« Außerdem bekommen wir eine Antwort auf die »Frage: Soll man Bettlern helfen?« Die Antwort: ein prinzipienfestes teils-teils. Alles in allem ein schöner Einblick in die Seele der protestantischen Spaßguerilla und mehr als wert, einen Tag der Besinnung dafür dranzugeben.

Denn wozu noch neue Songtexte schreiben, wenn schon eine Leserin in ihrem Brief an Chrismon feststellen muß: »Leider warte ich immer vergebens auf die Weihnachtslieder, die wir früher in der Familie mit Eltern und Geschwistern gesungen haben.«

Oder, wie unser (katholischer) Lichtmann immer sagt: »Keine neuen Lieder, bevor die alten nicht aufgebraucht sind.«

Mal sehen, ob morgen was geht. Ansonsten gilt: »Eine Krippe aus Besteck, ein Eierlöffel als Kind«. Na bitte, so geht's doch auch.

Im Adventskalender: Nix. Sieht so aus, als wären Diebe im Haus!

Dienstag, 6.12.2005

# Du kannst Hamburg-Heiner nicht auf dem falschen Fuß erwischen!

Heute ging was mit dem Text. Hatte gleich Oberwasser und beschloss, bei Hamburg-Heiner in die Offensive zu gehen. Man darf nicht warten, bis Hamburg-Heiner einen anruft, dann hat er sozusagen den rhetorischen Schlagring schon übergestreift und das wird meist schmerzhaft. Einmal Hamburg-Heiner auf dem falschen Fuß erwischen, das sollte mein Motto sein.
HH: Ja?
Sven: Ist da Hamburg-Heiner?
HH: Wer fragt?
Sven: Keine Gegenfrage bitte, ich war zuerst dran.
HH: Ja, aber wer bist du denn?
Sven: Rate mal!
HH: Sven! Nichts ist so dämlich wie jemand, der »Rate mal« sagt, wenn man fragt, wer er ist. Außer vielleicht jemand, der »Kennst du mich noch« sagt, wenn man ihn nach 25 Jahren wiedersieht und man ihn natürlich nicht mehr kennt, woher denn auch?!
Sven: Okay, geschenkt. Ich muß dich mal was fragen, Heiner! Wenn man einen Songtext schreibt, meinst du, man kann darin Skippy, das Buschkänguruh, vorkommen lassen?
HH: Was heißt hier »man«? Wenn ich das richtig sehe, sprichst du ja wohl von dir selber, oder?
Sven: Ja klar, von wem denn sonst.
HH: Hab ich mir schon gedacht, daß du dich sonst für niemanden interessierst.
Sven: Skippy, Heiner. Kann man Skippy, das Buschkänguruh, in einem Songtext vorkommen lassen? Ich meine, kennt das noch jemand? Kennst du das noch?
HH (entgeistert): Skippy? Du hast einen Text gemacht, in dem Skippy, das Buschkänguruh, vorkommt?
Sven: Ja.

HH: Dir ist wohl nichts peinlich.
Sven: Nein. Ich finde das eigentlich ganz gut, das klingt auch gut, Skippy, das Buschkänguruh, das hat was. Die Frage ist bloß: Kennt das noch einer? Oder outet man sich damit als alter Sack, der versucht, generationenspezifische Langweiler-Identitätsstiftung zu betreiben?
HH: Das kommt immer noch im Fernsehen.
Sven: Echt?
HH: Ja, aber irgendwie unregelmäßig. Muß man genau das Programm beobachten. Fernsehzeitschrift haben oder so. Oder im Internet gucken.
Sven: Und du machst das? Bist du ein Skippy-das-Buschkänguruh-Spotter, oder was?
HH: Nein, ich hab das auf DVD, ich kann das gucken, wann ich will.
Sven: Echt? Du hast das auf DVD?
HH: Ja, natürlich. Alle Folgen.
Sven: Ich hab das ewig nicht mehr gesehen, mindestens fünfunddreißig Jahre nicht. Fiel mir nur irgendwie ein. Als Reim auf »zu«, das muß man sich mal vorstellen, weiß ich auch nicht, wie ich da drauf kam. Wie ist das denn so?
HH: Blöde Frage.
Sven: Wieso?
HH: Niedlich, ist doch klar!
Sven: Niedlich? Und deshalb guckst du das?
HH: Natürlich, was denkst du denn, warum jemand Skippy, das Buschkänguruh, auf DVD hat? Wegen der nackten Weiber?
Sven: Und du findest das niedlich?
HH: Natürlich, das findet jeder niedlich. Du etwa nicht?
Sven: Ich kann mich nicht mehr erinnern.
HH (streng): Wenn man das nicht niedlich findet und man sich nicht mehr erinnern kann, dann sollte man Skippy auch nicht im Songtext verwenden, das ergibt doch keinen Sinn.
Sven: Immerhin bin ich irgendwie von selbst drauf gekommen, so stream-of-consciousness-mäßig oder was.
HH: Das ist nur, weil das so niedlich ist. Das klingt ja auch schon niedlich, Skippy, so würde doch keiner einen Alligator

nennen oder eine Küchenschabe oder sowas, das ist dann schon was Niedliches, wenn es Skippy heißt.
Sven: Dann laß ich das drin!
HH: Will ich auch gehofft haben.
Und damit war mal wieder klar, warum M. Kippenberger einmal eine seiner Installationen »Du kannst Hamburg-Heiner nicht auf dem falschen Fuß erwischen« genannt hat.
Im Adventskalender: Ein alter Waschlappen. Langsam wird's unheimlich.

Mittwoch, 7.12.2005
# Herr Ober, das Lied ist fertig

Darauf ein Haiku:
DEN NEUEN SONGTEXT
IM SINGEN ZAHM SICH REITET
DER ALTE PFUSCHER
Im Adventskalender: Ein Stückchen roher Fisch

Freitag, 9.12.2005
# Weiße-Socken-Quotient

Gestern nicht gebloggt. Das läßt sich leider nicht vermeiden: Fernsehen haut einen immer so raus. Müßte man mal rausfinden, warum das wohl so ist.
Heute den Tag im Studio verbracht. Den neuen Song etwas mühsam auf den Weg gebracht. Wir mußten uns erst entscheiden: Ist es Bumsmusik oder ist es keine Bumsmusik? Am Ende war klar: Es ist Bumsmusik. Aber gut. Text wird auch langsam besser. Habe Delmenhorst durch Oldenburg-Nord ersetzt, Delmenhorst muß sich erst mal von dem anderen Lied erholen. Habe mich dabei erinnert, daß ich als Kind mal fast in der Hunte ertrunken bin. Ist das schon ein autobiographischer Bezug? Muß ich mal einen Germanisten fragen.
Germanisten sind ja eine aussterbende Spezies. Früher konnte man sich vor ihnen kaum retten, konnte keine tote Katze schleudern, ohne einen Germanisten zu treffen. Heute treten sie nur noch sehr vereinzelt auf und scheuen das grelle Licht. Außer auf der Buchmesse, natürlich, da gehören sie dazu wie das exzessive Saufen. Muß daran denken, mal eine Umfrage unter meinen Bekannten zu starten. Wahrscheinlich sind da immer noch mehr von ihnen, als man denkt, und sei es nur als Nebenfachgermanisten. Aber die zählen ja irgendwie auch.
Umfragen sind eine gute Sache. Dave und ich hatten früher mal die Weiße-Socken-Umfrage kultiviert. Man ging in der Kneipe herum und fragte alle männlichen Besucher, welche Farbe ihre Socken hätten. Der Weiße-Socken-Quotient lag fast immer und überall, sei es in Bielefeld, sei es in Wien, bei etwa 35 Prozent. Der Blutalkoholgehalt der beiden Umfragenden allerdings auch bei immer mindestens 1,8 Promille, vorher traut man sich so was ja nicht. Womit die wissenschaftliche Seriosität unseres Weiße-Socken-Quotienten zumindest anzweifelbar ist.
Morgen geht's im Studio weiter, dann sind wir mit dem Song fertig. Mehr als zwei Studiotage pro Song kann man sich bei

dem bißchen Restlebenserwartung, das die Musiker einer so alten Band noch haben, ja gar nicht erlauben.
Im Adventskalender: Gestern ein Engel aus Schokolade, heute eine Glühbirne, weiß, matt, 40 Watt, E27-Fassung. Man nimmt, was man kriegt!

Sonnabend, 10.12.2005

# Hunger in Berlin

O, o, o! Das ging ja gerade noch mal gut. Und zwar sehr gut. Das neue Lied[2] ist fertig aufgenommen und nun ist es doch keine Bumsmusik geworden. Mehr will ich nicht sagen, denn Eigenlob stinkt. Und Jakob gab in letzter Sekunde noch zu bedenken, daß sich die Bielefelder durch die Zeile »In Bielefeld sind sie dir komisch gekommen« in ihren Gefühlen verletzt fühlen könnten. Ich wischte das souverän (oder denkfaul, je nachdem) vom Tisch mit der Bemerkung: »Was hätten denn dann die Delmenhorster sagen sollen? Und die haben sich gefreut!« So rettet man sich über die Runden.

Vom Verbrecherverlag kamen die Belegexemplare vom »Hauptstadtbuch«, für das ich ein Gedicht geschrieben habe. Das ist mal ein Buch, das sich lohnt, wie ja überhaupt alles vom Verbrecherverlag. Mein Gedicht ist dabei von allen Beiträgen der geringste, aber ein bißchen stolz bin ich doch. Mein erstes veröffentlichtes Gedicht. Das mußte ja mal so kommen. Und Jörg Sundermeier hat mir sogar erlaubt, es hier abzudrucken. Stark.

**Hunger in Berlin**

Am Dönerstand gibt's Glühwein zum Fest
Und zum Aktionspreis 'ne Früchtebrotschnitte
Und Atze sagt: Das heißt Stulle bei uns
Dann fällt er und ruft: Watten ditte?!

Bei Kaiser's gibt es Buletten für lau
So ist's zur Adventszeit hier Sitte
Und Atze sagt: Meine mit extra viel Senf
Dann fällt er und ruft: Watten ditte?!

---

2 Es handelt sich dabei übrigens um das Lied »Alle Türen weit offen« von ELEMENT OF CRIME.

Im Grunewald wird Schlitten gefahren
Und man labt sich an C-Wurst und Fritte
Atze will auch noch Majo dazu
Dann fällt er und ruft: Watten ditte?!

Am Alex gibt es Spreewaldgurken
Für die coole Szene von Mitte
Atze will eine mit Knoblauch und so
Dann fällt er und ruft: Watten ditte?!

Geschlagen und hungrig zieht Atze nach Haus
Und hat nur noch eine Bitte
Daß endlich wieder der Frühling kommt
Dann fällt er und ruft: Watten ditte?!

Ist okay. Kann man nicht meckern. Muß man sich nicht schämen für. Kann man bringen. Der Rest vom Buch ist allerdings noch viel besser.
Heute im Adventskalender: Eine kleine Packung Aspirin. Die werden schon wissen, warum ...

Sonntag, 11.12.2005
# HH lebt!

Ich hatte schon gedacht, er sei tot. Wenn Hamburg-Heiner sich drei Tage am Stück nicht meldet, muß man davon ausgehen. Ich wollte schon Blumen schicken. Aber heute rief er wieder an. Er wird alt.
Hamburg-Heiner (HH): Sag mal, spinnst du, Alter?
Sven: Hamburg-Heiner! Ich hab schon gedacht, du wärst tot.
HH: Wieso das denn?
Sven: Du hast dich drei Tage lang nicht gemeldet. Ich war schon fast schlechtegewissenfrei.
HH: Du solltest mal zählen lernen. Es waren vier Tage.
Sven: Umso schlimmer. Ich wollte schon Blumen schicken!
HH: An wen?
Sven (kurze Denkpause, dann): Was liegt denn an, Heiner?
HH: Was hast du dir dabei gedacht, von wegen »mein erstes veröffentlichtes Gedicht«?!!
Sven: Was soll ich schon dabei gedacht haben?!
HH: Gute Frage! Was sollst du schon dabei gedacht haben! Weißt du, was dein Problem ist, Sven?
Sven: Nein, Heiner, aber ich weiß, daß du es mir gleich sagen wirst.
HH: Worauf du einen lassen kannst! Dein Problem ist, daß du zu schnell tippst und zu langsam denkst.
Sven: Quatsch. Red nicht so einen Unsinn, Heiner. Ein Problem ist das überhaupt nicht. Das ist alles mögliche, aber kein Problem.
HH: Wenn das kein Problem ist, was ist denn dann wohl ein Problem?
Sven: Sein Latinum an der TU Berlin gemacht zu haben, das ist ein Problem. Weil das nur für Abschlüsse an der TU Berlin gültig ist.
HH: Das ist kein Problem.
Sven: Das ist wohl ein Problem. Stell dir vor, du willst die Uni wechseln, dann mußt du das Latinum noch mal machen!

HH: Das ist kein Problem. Das ist doch gut. Das kann nie schaden. Jedesmal, wenn man sein Latinum noch mal macht, lernt man ein klein wenig dazu. Und so wird aus vielen kleinen Latinums – was ist der Plural von Latinum?
Sven: Weiß nicht, Latina? Latini?
HH: Latina heißt auf italienisch Dose, jedenfalls die Art von Dosen, wo da bei uns jetzt Pfand drauf ist.
Sven: Nix! Bei der sind zwei tt in der Mitte, Lattina, mit zwei t.
HH: Na und? Was kommst du mir denn jetzt mit so was? Darum geht es doch gar nicht?
Sven: Worum denn?
HH: Von wegen »mein erstes veröffentlichtes Gedicht«! Und was ist mit dem Salmoxisboten? Zählt der Salmoxisbote gar nicht?
Sven: Klar zählt der.
HH: Und wieso dann »mein erstes veröffentlichtes Gedicht«? Wo Herr Grimsen dort damals deine beiden Oktopusgedichte veröffentlicht hat?
Sven: Nur das eine!
HH: Und das Gründungsmanifest der Arthur-Fitger-Gesellschaft AO?
Sven: Das war kein Gedicht.
HH (streng): Das hätte aber eins sein können, wenn du dich nur ein wenig mehr angestrengt hättest!
Sven (nach kurzer Überlegung, zerknirscht): Stimmt.
HH: Na bitte! Und was soll Herr Grimsen jetzt denken, wenn du ihn und den Boten so verschweigst, deine Wurzeln verleugnest?! Er hat damals alles für dich getan, was aber hast du für ihn getan?
Sven (trotzig): Oktopusgedichte hab ich für ihn gemacht. Und AFG/AO-Manifeste. Im Akkord. Für Gotteslohn! Immerhin!
HH: Und das, meinst du, reicht?
Sven: Das reicht dicke!
HH: Na gut, dann nehme ich das zurück.
Sven (trotzig): Mußt du nicht. Mir egal.
HH: Nein, ich nehm das zurück. Man muß auch mal was zurücknehmen, was nicht haltbar ist.

Sven: Nein, das mußt du nicht zurücknehmen.
HH: Es ist ein Zeichen starken Charakters, wenn man mal was zurücknimmt, was offensichtlich trotz bester Absicht, da wird Herr Grimsen mir zustimmen, über das Ziel hinausgeschossen ist.
Sven: Ein Grund mehr, daß du es jedenfalls nicht zurücknehmen solltest. Ich kann gut mit dem Vorwurf leben, daß meinetwegen die Leute das Lattinum wieder und wieder machen müssen oder jedenfalls das Dosenpfand eingeführt wurde.
HH: Ich bleibe dabei!
Sven: Ich auch!
Und so ging das noch eine Zeitlang weiter. Am Ende einigten wir uns darauf, daß Hamburg-Heiner mindestens jeden zweiten Tag anrufen sollte, damit wir nicht durch Themenstau »in'n Tüdel kommen«, so nannte Heiner das, »in'n Tüdel kommen«. Hamburg-Heiner schwimmt im Volk wie ein Fisch im Wasser, falls diese schöne alte Mao-Tse-tung-Metapher noch jemandem was sagt, und er ist aller möglichen volkstümlichen Ausdrücke mächtig. Ein großer Streiter, ein Haudegen alter Schule und eine Nervtüte vor dem Herrn, das ist er. Am Ende wünschten wir uns einen schönen dritten Advent. Mehr konnten wir nicht tun. Wenn ich bis dahin keine neue Telefonnummer habe, ist er übermorgen wieder am Rohr. Ich freu mich drauf.
Im Adventskalender: Eine sehr kleine Gitarre. Jetzt braucht man nur noch ganz kleine Hände, dann kann's losgehen!

Montag, 12.12.2005

# Mit Bongogott in der Proof-Hölle

Heute mit Herrn Pappik, a.k.a. Bongogott, die Proofs für das Cover der Single durchgegangen. Habe ich schon erwähnt, daß die erst im Februar kommt? Nein? Sieht mir ähnlich. Aber so ist das: Etwas kommt im Februar raus und schon vor Weihnachten sind alle Mücken scheu und die Musiker laufen umeinander wie Hühner bei Gewitter. Und schauen sich die Proofs an. Achtmal das gleiche Cover, nicht aber dasselbe, man beachte diesen feinsinnigen Satz. Das gleiche aber nicht dasselbe Cover – mein Gott, wie weit unten muß man sein, um so einen Scheiß zu schreiben, nun, das ist schnell beschrieben, so weit unten wie einer, der seinen Tag damit beschreibt, daß er zusammen mit Herrn Pappik a.k.a. Bongogott die Proofs für das Cover angeguckt hat.
Egal. Jedenfalls dauerte das Angucken der Proofs ungefähr 10 Sekunden, die aber gefühlte 12 Sekunden waren, dann tippte Herr Pappik auf ein Bild und meinte: »Das! Das sieht doch gut aus!« Und ich sagte: »Genau. Finde ich auch.« Kann ja sein, daß wir dadurch beeinflußt waren, daß Grafikerin Ella auf ebenjenes Bild ein kleines Zettelchen gepappt hatte mit der Aufschrift »Finde ich am besten!«. Vielleicht sind wir aber auch unbestechliche Proof-Betrachter, gestählt in langen Jahren, Jahrzehnten der Coverbetrachtung, die auf Anhieb wissen: Auf den anderen Bildern sind die Gesichter zu blau. Oder der Rasen zu grün. Oder so was.
Schlimm!
Was aber gut ist: Gut ist, wenn man eine Single mit vier Songs, deren Titelstück »Straßenbahn des Todes heißt« und die außerdem Lieder namens »Alle Türen weit offen«, »My Bonnie Is Over The Ocean« und »It's All Over Now, Baby Blue« enthält, mit vier alten Männern bebildert, die nebeneinander im hüfthohen Gras einer nicht näher definierten Landschaft stehen. Nicht gut wäre: Eine Straßenbahn abzubilden, deren Türen weit offen sind.

Ich weiß, daß das viele Menschen auf der Welt genau andersherum sehen. Aber deshalb dürfen die ja auch nicht bei Element of Crime mitspielen, weil die das nicht so sehen wie wir.
Ein starker, wenn auch vielleicht etwas elitärer Ansatz!
Im Adventskalender: Ein Stück Seife mit der Aufschrift: »Maritim Hotel Reichshof Hamburg«. Möchte langsam mal wissen, wer den zusammengestellt hat!

Dienstag, 13.12.2005

# Von der Mitte zur City und zurück

Heute Brief vom Roten Kreuz bekommen. Schock. Der DRK-Kreisverband Hamburg-Mitte, in dem ich seit dem Besuch einer Drückerkolonne 1998 im Schanzenviertel, in dem ich damals wohnte, Mitglied bin, ist pleite gegangen. Hat Insolvenz angemeldet – »zu unserem großen Bedauern«, wie der Hamburger Landesverbandspräsident und der 1. Vorsitzende des Kreisverbands Hamburg-City, von denen der Brief kommt, anzumerken nicht zu müde sind.
Zu meinem auch, Freunde, zu meinem auch!
Gottseidank bin ich jetzt nicht heimatlos im Deutschen Roten Kreuz. Zum einen habe ich ja noch die Mitgliedschaft in Berlin, die mir eine Drückerkolonne 2001 im Prenzlauer Berg angedreht hat. Außerdem ist zwar der DRK-Kreisverband Hamburg-Mitte e.V. aufgelöst, dafür hat sich aber jetzt der neue DRK-Kreisverband Hamburg-City e.V. gegründet. Und ich bin automatisch dabei! Naja, Hamburg-Mitte, das klang ja auch wirklich schon ein bißchen vermufft, altmodisch, topfig. Kein Wunder, daß die pleite sind, sowas kann man heute nicht mehr bringen. Hamburg-City ist da was ganz anderes, das hat Stil, jedenfalls die Art von Stil, die die Leute mit spitzem S aussprechen, wie es ja manche Hamburger auch heute noch mit überhaupt allen Wörtern tun, die mit st und sp beginnen. In Bremen macht das nur Hans Koschnick, aber dafür mußte der ja auch nach Bosnien.
Hier also der Merksatz für alle: Wer Stil mit spitzem S ausspricht, und nicht aus Hamburg kommt oder Hans Koschnick heißt, hat keinen.
Puh. Das ist doch, was alle von diesen Blogs wollen: Lebensberatung. Wegweiser in einer unübersichtlichen Zeit, Orientierungspunkte, die wie Leuchttürme in einer nebligen Nacht an der Außenweser den Eingang in das ruhige Fahrwasser gelungener Lebensführung bezeichnen. Oder jedenfalls Meinung, was ja wohl ungefähr auf dasselbe hinausläuft. Können sie ha-

ben, ich hab davon noch was übrig und brauch das nicht mehr. Denn: »Ihren auf den neu benannten Kreisverband ausgestellten Migliedsausweis werden wir Ihnen dann Anfang nächsten Jahres zuschicken.« Ich freu mich drauf!
Ansonsten: Mit Herrn Pappik a.k.a. Bongogott das Equipment aus dem Studio in den Übungsraum zurückgefahren. Danach mit ihm bei M. Vuong in Mitte (!!!) essen gewesen. Frohes Fest gewünscht!
Schlimm.
Im Adventskalender: Ein halbes Pfund Butter, zehn Eier, drei Apfelsinen. Wenn da mal nicht Oma dahintersteckt!

Mittwoch, 14.12.2005
# Mehr Zug

Muß in diesen Blog mehr Zug reinbringen. Irgendwie zackiger muß das werden. Vielleicht so:
Döner gegessen, scharfe Soße, Salat mit alles. Badewanne. Später Sponge Bob. Dazwischen: Geht keinen was an.
Stark!
Im Adventskalender: Eine BVG-Uniform für Barbiepuppen.

Donnerstag, 15.12.2005

# Jakob bei Windstärke 12 auf dem Helgoländer Oberland

Heute am Kudamm gewesen. Da sollte mal einer durchfegen. Das sieht da ja aus wie bei Labels unterm Sofa!
Außerdem viel Zeit damit totgeschlagen, die Rohaufnahmen für das Video zu Straßenbahn des Todes anzuschauen. Vier Männer fegen Laub im Garten, mähen den Rasen, hacken Holz. Schön anzuschauen. Denn so ist das mit den Elements und so war es immer und so wird es immer sein: Mach eine Filmkamera an und sie sehen aus wie die letzten Deppen. Außer sie arbeiten oder treiben Sport oder spielen Musik. Das geht. Alles andere: grausam!
Also hacken sie Holz, fegen Laub, machen den Grill an. Spielen Badminton, Tischtennis, grillen. Ein Traum!
Was das mit der Musik zu tun hat?
Nichts. Gottseidank.
Ein Video, von dem ich manchmal träume: Jakob bei Windstärke 12 auf dem Helgoländer Oberland, ein Gitarrensolo Richtung Norwegen spielend, der Rest der Band um ihn herumtanzend.
Wird nie gedreht werden, weiß ich jetzt schon.
Hamburg-Heiner hat nicht angerufen. Wahrscheinlich Sturmflut und er mittendrin. Den Katastrophenhelfern erklärend, was sie falsch machen, oder so. Hoffentlich verstärken sie mit ihm nicht den Deich!
Im Adventskalender: Ein Trompetentierchen in Spiritus. Schlimm!

Freitag, 16.12.2005

# Zehlendorf ist um den S-Bahnhof Zehlendorf herum genau wie Prien am Chiemsee!

Heute in Zehlendorf gewesen. Die Einkaufsgegend um den S-Bahnhof Zehlendorf erinnerte mich an irgendwas, ich kam nur erst nicht drauf, an was. Faszinierend. Ich hatte irgendwie das Gefühl, in einem Kurort zu sein, lauter alte Leute und alle gut angezogen und so. Ohne Ende Feinkostgeschäfte, die Butter Lindner wie einen Aldi wirken lassen, Naturkost auch, ganz viel, und Mode, die man sich gar nicht vorstellen kann. Fantastisch. Irgendwann kam ich drauf: Prien am Chiemsee. Zehlendorf ist um den S-Bahnhof Zehlendorf herum genau wie Prien am Chiemsee. Nur ohne Chiemsee. Aber der Wannsee ist ja auch nicht weit und auch nicht ohne.
Als Rockmusiker kommt man ja eher selten in Kurorte, da wird Rockmusik nicht so gerne genommen, auch nicht so schlappes Zeug wie das von Element of Crime, das ist denen dann wiederum zu depressiv oder so, in Kurorten müssen die Leute ja nicht nur auf ihre körperliche Verfassung, sondern auch auf ihre Gemütslage achten. Wir haben allerdings vor vielen Jahren mit der Band einmal einen Tour-Offtag im Romantik-Hotel Lindner Bad Aibling verbracht, das ist das Äußerste, was wir an Kurort-Erfahrung aufbieten können. Dort, im Romantik-Hotel, hatte dann Alke Warmers, unser Tourmanager, den Begriff »Romantik« als Synonym für Doppelzimmerbelegung eingeführt. Später wurde daraus ein Bühnenschlachtruf und ein Plattentitel. Danke, Bad Aibling.
Hamburg-Heiner hat noch immer nicht angerufen. Vielleicht wird es Zeit für einen ADAC-Reiserückruf. Leider bin ich bei denen nicht Mitglied. Ob der DRK-Kreisverband Hamburg-City helfen würde?
Im Adventskalender: Nix. Niete. Nullinger. Wahrscheinlich eine Anti-Konsumgesellschaft-Aktion. Trau ich mich nicht, was gegen zu sagen.

Sonnabend, 17.12.2005

# Herrschaftswissen in Osnabrück

HH: Doppelblog, du Pfeife. Du hast einen Doppelblog gebaut!
Sven: Heiner, bist du das?
HH: Nein, meine Mutter, Idiot. Baut einen Doppelblog, meine Fresse!
Sven: Hallo Frau Hamburg!
HH: Hör auf mit dem Quatsch. Hast du mal die Kommentare zu vorgestern gelesen?
Sven: Nein, habe ich nicht. Mach ich nie.
HH: Solltest du aber, du arrogante Pfeife.
Sven: Jetzt fahr aber mal rechts ran, Heiner, ehrlich! Ich meine, ein bißchen Beschimpfung dann und wann, das ist gut für die Nebennierenrinde, aber irgendwie sind wir ja auch Freunde!
HH: Ja? Wer sagt das?
Sven: Ich!
HH: Na, dann muß es ja stimmen, wenn du das sagst. Mich fragt ja keiner. Sicher besser so. Trotzdem solltest du mal die Kommentare lesen, du armer Willi.
Sven: Monique, die kennst du auch, die in Genf, die sagt immer »pauv' tache«, wenn sie armer Willi sagen will.
HH: Und zu wem sagt sie das immer? Eben! Aber jetzt lenk mal nicht ab, Sprachengenie, du hast einen Doppelblog gebaut!
Sven: Was ist denn das überhaupt?
HH: Und dann hast du es klammheimlich ungeschehen zu machen versucht, du Knaller!
Sven: Ach so, das! Du meinst, wie ich das da aus Versehen zweimal reingemacht habe?
HH: Genau. Doppelblog. Weißt du eigentlich, wie peinlich das ist?
Sven: Nein. Wieso sollte das peinlich sein?
HH: Das ist so wie Elfmeterverschießen, in den Rasen treten, Stockfehler beim Eishockey, das ist wie beim Billard den Filzbelag aufschlitzen, das ist wie beim Bier noch einen Rest in der Flasche lassen und dann gehen, kapierst du das nicht?

Sven: Kapieren? Nein. Akzeptieren ja, akzeptieren, dazu bin ich bereit, kapieren nicht. Ich meine, wenn so ein Filz beim Billard im Arsch ist, das ist schlimm, das ist ganz schwer wieder heile zu machen, aber so einen Doppelblog, den kann man doch ganz einfach wieder weglöschen, das hab ja sogar ich hingekriegt!
HH (trotzig): Das ist wohl schlimm, ganz schlimm ist das!
Sven: Quatsch. Das ist nicht schlimm. Schlimm ist, wenn der eine Teil der Leute O Tannenbaum im Dreivierteltakt, der andere Teil aber im Viervierteltakt singt.
HH: Wieso sollte einer das tun?
Sven: Weil das möglich ist. Im Viervierteltakt ist das eher so die bedächtige Nummer, das O und die anderen Auftakte schön Viertelnoten und so, im Dreivierteltakt ist das eher ein bißchen hektisch, hat Schwung, aber auch eine gewisse Kurzatmigkeit, finde ich.
HH (denkt länger nach, summt bruchstückhafte Melodien vor sich hin): Also für mich ist das eher so 'ne Art Viervierteltakt!
Sven: Ja, das hab ich auch immer gedacht. Aber in meinem Weihnachtsliederbuch steht, daß das im Dreivierteltakt ist.
HH: Was ist das denn für ein komisches Weihnachtsliederbuch?
Sven: Das ist mehr so ein Heft, das ist von, warte mal, das ist (liest stockend vor:) »by Windel for unicef«! Das ist von Windel.
HH: Was soll das denn sein?
Sven (liest weiter vor): Windel GmbH & Co. KG, D-49090 Osnabrück.
HH: Und was machen die? Windeln?
Sven: Nein, die machen so Süßigkeiten, glaube ich. Jedenfalls ist das bei denen im Dreivierteltakt, das wird dann schon stimmen!
HH: Wieso sollten die in Osnabrück davon mehr wissen als wir in Hamburg und Berlin?
Sven: Weil die in Osnabrück sich dafür interessieren. Weil die das für unicef machen. Weil die cool sind.
HH: Wieso sind wir nicht cool?
Sven: Weil wir Arschlöcher sind. Außerdem habe ich vorhin rausgefunden, daß man, wenn man das im Viervierteltakt macht, was ich irgendwie auch eigentlich besser finde, da ab und zu einen Zweivierteltakt einschieben muß, sonst franst das aus.

HH: Und dann wunderst du dich, daß ich dich nicht anrufe, ja?
Sven: Naja, bald ist Weihnachten. Wenn man jetzt nicht über diese Sachen spricht, ich meine, in 10 Tagen ist es dann wieder zu spät. Da geht es dann wieder um andere Sachen und man muß sich die ganze O-Tannenbaum-Problematik wieder ein Jahr lang verkneifen. Was meinst du denn, wie lange ich das schon mit mir rumschleppe?
HH: Ich will's lieber nicht wissen, ehrlich.
Sven: Drei Jahre. Das Weihnachtsliederheft von Windel aus Osnabrück habe ich jetzt schon drei Jahre, tu dir das mal rein.
HH: Schlimm!
Sven: Genau! Schlimm ist das. Scheiß doch auf den Doppelblog!
HH (wieder nachdenklich): Dreivierteltakt, ja?
Sven: Ja.
HH (summt O Tannenbaum und klopft dazu mit der flachen Hand auf eine harte Oberfläche, dann): Ganz schön hektisch irgendwie.
Sven: Finde ich auch.
HH (nachdenklich, zerstreut): Dreivierteltakt, Dreivierteltakt ... Das haut mich um. Das erwischt mich jetzt irgendwie, irgendwie auf dem falschen Fuß, wenn du weißt, was ich meine ...
Sven (tief befriedigt): O ja, ich weiß, was du meinst!
Heute im Briefkasten: Eine Weihnachtskarte von Universal Music. Ausreichend frankiert. Bin gerührt. Wenn die so gut drauf sind, dann klappt's auch mit der Goldenen für Mittelpunkt der Welt!

Sonntag, 18.12.2005

# Die Cracks von »Schwarze Mensuralnotation« und »Kontrapunkt 1« und »Kontrapunkt 2« tauschen sich aus

HH: Hör mal, das läßt mich aber jetzt nicht los. Das geht schon den ganzen Tag jetzt, das muß mal geklärt werden.
Sven (hinterhältig, wissend): Du meinst das mit O Tannenbaum, ja?!
HH: Natürlich, was denn sonst? Die Frage, warum du in der schwarzen Mensuralnotation eine Niete warst?
An dieser Stelle muß ich mal ganz kurz eine Erklärung abgeben:
1. Hamburg-Heiner, der mich, wie unschwer zu erkennen war, schon wieder anrief (ich meine, ehrlich mal, erst vier Tage schweigen, dann frech werden!), lernte ich zuerst bei einem Kurzstudium der Musikwissenschaft in Hamburg kennen, in den Semestern Winter 1981 und Sommer 1982 waren wir Kommilitonen am schönen Institut an der Moorweide, was ihm so gesehen ein gewisses Recht gibt, auf alte Zeiten zu rekurrieren. Aber:
2. muß festgehalten werden, daß ich in schwarzer Mensuralnotation mitnichten eine Niete war, im Gegenteil, ich erlangte in diesem schönen Fach genausogut einen Schein wie jeder andere, der diesen Kurs besuchte, obwohl der Dozent, Prof. Dömling, uns alle haßte, weil er wußte und uns auch gleich zu Beginn eröffnete, daß 96 Prozent von uns sowieso keinen Abschluß in Musikwissenschaft machen, sondern vorher die Uni verlassen würden, was zumindest, was Hamburg-Heiner und mich betraf, so dermaßen prophetisch war, daß ich den Mann heute noch als Guru verehre!
3. Wahr ist allerdings, daß Hamburg-Heiner in schwarzer Mensuralnotation ein so dermaßen schleimerisch-streberischer Überflieger war, daß er sogleich daranging, Beethovens Neunte in schwarze Mensuralnotation zu transkribieren, obwohl das

a) überhaupt nicht geht und ihn auch
b) niemand darum gebeten hatte.
4. War ich dafür in Kontrapunkt 1 und Kontrapunkt 2 Hamburg-Heiner hoch überlegen und hätte sogleich eine Karriere als Kontrapunktkoryphäe beginnen können, wenn so was in diesem fiesen entwickelten Spätkapitalismus überhaupt möglich gewesen wäre, was es natürlich nicht war, verdammte Scheiße aber auch.
Aber weiter in unserem Telefonat:
Sven: Heiner, das Thema ist durch. Die Leute aus Osnabrück notieren es im 3/4-Takt und der Rest der Welt auch, das ist zwar schlecht, aber oft siegt das Schlechte und nicht das Gute, siehe Microsoft oder wegen mir auch die Sache mit dem Latte Macchiato, ich meine, das ist ja auch nicht gerade der Sieg des Guten, oder?
HH: Ich trink das gerne. Das ist lecker und schäumt. Aber darum geht es hier nicht. Ich habe herausgefunden, was wirklich läuft:
Sven: Was läuft denn?
HH: Das ist von allen megapopulären Liedern eigentlich das komplizierteste überhaupt, das hat nämlich, so wie es alle singen, überhaupt nichts mit der 3/4-Takt-Version zu tun, die alle da immer notieren, sondern besteht eigentlich aus zwei 4/4- und zwei 3/2-Takten oder besser: zwei 4/4, dann zwei 3/2, dann zwei 4/4 und dann wieder ein 3/2-Takt. Faszinierend. Das ist total abgedreht. Die notieren das nur im 3/4-Takt, weil das andere zu kompliziert ist, aber die ganze Welt singt das anders, außer so Chöre im Fernsehen und so, und deshalb klingt das bei denen auch immer so komisch hektisch, so fahrig, ich meine so billig irgendwie auch.
Sven (leicht erschrocken): Ruhig, Heiner, ruhig! Reg dich erst mal ab!
HH (außer Atem, keuchend): Nix!
Sven: Machen wir's doch einfach so: 2/4-Takt. Dann haben wir's doch auch irgendwie so, wie du's willst, und dennoch simpel notiert.
HH: Nix! Quatsch. Für die 4/4-Takt-Passagen ginge das hin,

aber bei den 3/2-Takten wäre das purer Quatsch, ich meine, Augenwischerei, das ergäbe ja Taktzahlen und eine Periodik, die jeder Liedform hohnspräche.
Sven: Sowieso.
HH: Ich glaub das nicht, Sven. Wir haben zusammen studiert. Du warst doch nicht völlig unbegabt, du weißt doch, was ich meine, ich mach mir da nichts vor, du hast doch selber die letzten 24 Stunden zu Hause gesessen und das durchgezählt und notiert und alles, ich kenne dich doch.
Sven: Ja, natürlich, ich habe ja auch nichts Besseres zu tun. Aber bei dir frage ich mich schon, wieso dein Arbeitgeber bereit ist, das zu finanzieren.
HH (entrüstet): Ich habe mir extra Urlaub genommen.
Sven: Echt? Wie lange?
HH: Nur 48 Stunden.
Sven: Okay. Also ich sehe das so: Das ist wie damals, als Dömling uns seine Theorie in Bezug auf die Träumerei von Schumann erklärt.
HH: Welche Theorie in Bezug auf die Träumerei von Schumann?
Sven: Ja weißt du das nicht mehr? Hast du dir das alles schon weggesoffen?
HH: Ich trinke nicht, Sven.
Sven: Umso schlimmer.
HH: Schluß jetzt. Her mit der kleinen Theorie!
Sven: Das ging darum, warum das jetzt trotz allem keine Trivialmusik wäre, Sexten hin, Schmalz her usw.
HH: Ist doch klar warum: Weil's Schumann war. Und weil Dömling den gut fand.
Sven: Nein! Ich meine ja, aber so hat er's natürlich nicht begründet, der alte Zausel.
HH: Wie dann?
Sven: Er hat nachgewiesen, daß die Melodie von der Träumerei eigentlich nach einem Dreivierteltakt verlangt, und dann auch wirklich trivial wäre, und daß es eben keine Trivialmusik wäre, weil Schumann das eben im Viervierteltakt aufgeschrieben hätte, wodurch das Stück diese rätselhafte Sperrigkeit hätte und so weiter.

HH: Ja, ich erinnere mich vage. Was für ein Quatsch.
Sven: Ja, das war ein Wahngebilde. Aber wenn Dömling das hinkriegt, vielleicht hat sich das dann bei O Tannenbaum auch so ergeben. Irgendjemand mußte das ja mal notieren, denn laut dem Weihnachtsliederbuch »by Windel for unicef« ist das eine Volksweise aus dem 18. Jahrhundert, und da hat man das dann auf die schmissige Weise im 3/4-Takt notiert, weil einem das andere zu kompliziert war.
HH: Ja gut, aber was heißt das? Wurde das im 3/4-Takt notiert, damit es weniger trivial ist, oder weil es auf diese Weise trivialer ist?
Sven: Tja! Wenn man das wüßte! Interessant ist doch, warum es niemand so singt, wie es notiert ist! Außer vielleicht so Chöre, keine Ahnung. Ich meine, das klingt ja auch, wenn man es so singt, dann klingt es ja irgendwie wie … – also irgendwie wie …
HH: … wie verunglückte Marschmusik italienischer Gebirgsjäger.
Sven: Das wäre jetzt auch mal die Frage, was die eigentlich für Marschmusik haben.
HH: Jetzt lenk mal nicht ab.
Sven: Nein, Entschuldigung. Ich muß dann mal.
HH: Ja, tschüß dann.
Sven: Hau rein.
HH: Ja, ich bleib dran.
Wenn man sich das Ende dieser Telefonkonversation besieht, wundert es einen ja nicht mehr, daß solche Leute schon vor langer Zeit ihr Studium abgebrochen haben.
Im Adventskalender: Ein Weihnachtsmann aus Schokolade! Die Einschläge kommen näher!

Montag, 19.12.2005
# Batterie alle oder beides

Versuche gerade, den Tag zu rekapitulieren. Alles weg. Kann mich an nichts mehr erinnern.
Vielleicht auch besser so.
Telefon war wohl auch aus oder Batterie alle oder beides, keine Ahnung.
Im Adventskalender: Woher soll ich das denn wissen?!

Dienstag, 20.12.2005

# Entschuldigung, Sven!

Heute das Mastering von der Single überprüft. Rief sofort Sven von Universal an und fragte, ob sie die »Straßenbahn des Todes« noch einmal verändert hätten. Sven von Universal war sofort innerlich und von der Bereitschaft her, wenn ich das mal so sagen darf, bei mir:
Sven von Universal: Warum?
Sven (ich): Das klingt doch ganz anders als auf der »Mittelpunkt der Welt«.
Sven von Universal: Echt? Kam mir nicht so vor.
Sven (ich): Doch. Da bollert der Baß irgendwie mehr und in der Mitte ist nicht mehr so viel, das klingt total anders! Hab ich gerade verglichen.
Sven von Universal: Echt? Ist mir nicht aufgefallen.
Sven (ich): Doch, garantiert. Ich meine, ich bin schon über 20 Jahre in dem Geschäft, ich bin ja ein alter Hase quasi, da hör ich so was doch!
Sven von Universal: Alles klar! Ich frag gleich mal nach, ob die da was verändert haben.
Später stellte sich heraus, daß sie nichts verändert hatten. Daß sie das 1:1 von der CD übernommen hatten. Peinlich. Sehr peinlich. Der Peinlichkeits-Super-Gau eigentlich. Kann schlimmer kaum kommen. Aber ein sehr häufig auftretendes Phänomen, gerade gern auch bei alten Hasen, wenn nicht gar Säcken!
Ich erinnere mich zum Beispiel an die schöne alte Zeit, als ich noch als Produzent tätig war, da hatten wir am letzten Mixtag der Platte »Foppt den Dämon« der beliebten Mittelalter-Heavy-Metal-Crossover-Band Subway to Sally ganz viele Freunde, Leute von der Plattenfirma und natürlich auch Journalisten eingeladen, und dann hörten wir uns das alles volle Dröhnung an, und es klang auch alles ganz prima, bloß irgendwie nicht ganz so mächtig, wie wir es glaubten gemixt zu haben, irgendwie war es ein bißchen, naja, dünn, jedenfalls gitarrenmäßig ein bißchen mit Motten auf der Lunge quasi, und das

ging so 35 Minuten lang und keiner sagte etwas, alle nur so »fein fein« usw., wiewohl zu spüren war, daß nicht nur ich, sondern auch der Toningenieur und ein Teil der Band etwas im Zweifel waren, »Ist das wirklich jetzt die dritte Version, die wir nehmen wollten« usw., bis schließlich 5 Minuten vor Ende der Platte der Chefgitarrist Ingo meinte »Ist das vielleicht mono oder so?« und dann Schorsch, der Toningenieur, den Mono-Knopf rausdrückte und siehe, plötzlich war alles viel, viel mächtiger, weiter im Panorama, Hifi-mäßiger, eben stereo. Und wer saß vorne am Pult neben dem Toningenieur und war der Produzent bzw. in diesem Moment die Pfeife vom Dienst, der Mann, der es hätte zuerst merken müssen?
Eben. Schlimm!
Kein Wort mehr davon. Wer so was bringt, der schäme sich leis und lege sich wieder hin.
Entschuldigung, Sven von Universal! Entschuldigung, Mastering-Studio! Entschuldigung, Subway to Sally! Entschuldigung, Welt!
Heute im Adventskalender: Ein Meisenring. In der Vogelwelt, da kann man noch Punkte machen!

Mittwoch, 21.12.2005

# Mit Wellensittich, Schildkröte und weinrotem Cover

Heute Mittagessen mit Frau Kormann und Herrn Hörner von Eichborn Berlin. Zweimal Wan Tan (einmal fritiert, einmal gedämpft) und Sushi Spezial. Dazu die Proofs vom Angulus-Durus-Cover angeschaut. Dann Herrn Grimsen angerufen, mit dem zusammen ich dieses seltsame Buch geschrieben habe, denn das gibt's auch noch: Kollektivarbeit wie in den siebziger Jahren, Werkstattliteratur und der ganze Horror, der eine spricht, der andere tippt, danach umgekehrt, und das alles als Drehbuch für einen Katastrophenfilm, der in Bremen-Huchting spielt. Schlimm.
Sven: Kamerad, ich besehe gerade das Cover von Angulus Durus.
Herr Grimsen: Na und?
Sven: Schön rot ist das. Allerdings weiß ich nicht genau, ob das Rot frisch genug ist, blutig genug, wenn du weißt, was ich meine.
Herr Grimsen: Woher soll ich das wissen, ich seh's ja nicht.
Sven: Aber der Wellensittich auf dem letzten s von Angulus Durus, der kommt sehr schön raus.
Herr Grimsen: Na schön, dann freu ich mich jetzt.
Sven: Das Rot, das geht so ein bißchen in Richtung weinrot, ich weiß nicht, ob das nicht vielleicht ein bißchen zu streng ist.
Herr Grimsen: Kann man das noch ändern?
Sven (schaut zu Frau Kormann und Herrn Hörner): Kann man das noch ändern?
Frau Kormann und Herr Hörner: (schütteln den Kopf)
Sven: Nein.
Herr Grimsen: Dann nehmen wir das, würde ich sagen.
Sven: Aber die Schildkröte kommt schön.
Herr Grimsen: Dann ist ja gut.
Sven: Dann sagen wir jetzt: Habemus Angulus Durus?
Herr Grimsen (milde belehrend): Sagen wir einfach: Habemus Angulum Durum.

Sven: Wir sehen uns.
Herr Grimsen: Ich freu mich!
Und dann kam noch einmal grüner Tee für alle. Das war nicht die Art von Telefongespräch, in die man als Depp reingeht und als Genie wieder rauskommt, das muß man leider sagen. Umgekehrt aber auch nicht.
Das Buch trägt übrigens den vollen Titel: Angulus Durus – Traum eines lächerlichen Menschen – Ein Katastrophenfilm. Bücher mit solchen Titeln wollen eigentlich nichts, sie wollen nur sein. Mit Wellensittich, Schildkröte und weinrotem Cover. Im Frühjahr dann. Viel Glück, Eichborn Berlin! Du wirst es brauchen!
Im Adventskalender: Eine Schachtel Epa. Jetzt brauche ich nur noch einen, bei dem ich die Spaghetti mit Ei gegen die Schokolade tauschen kann.

Donnerstag, 22.12.2005

# Als Bremer ist man da natürlich immun!

Habe mir das St.-Pauli-Lied von Tomte für 99 Cent für irgendeinen guten St.-Pauli-Zweck runtergeladen. Darf sonst keiner machen, solche Fußball-Fan-Lieder, weil sowas nicht gut ist, sondern schlecht. Wird normalerweise mit 1000 Totehosepunkten und der roten Rockkarte bestraft. Bloß nicht bei Tomte, die dürfen das.
Sogar für den FC St. Pauli dürfen die das, braun-weiße Vereinsfarben hin, Müsliriegel-Präsident her. Erstaunlich überhaupt, wie viele nette Menschen man kennt, die auf sowas abfahren. Wird schon irgendwas dran sein. Als Bremer ist man da natürlich immun, ein Bremer wird so selten St.-Pauli-Fan wie ein Katholik Scientologe. Ausnahmen fallen unter die Lex Ruben Hanne.
Für den Bremer in Hamburg sieht der perfekte St-Pauli-Heimspieltag so aus: Im Irish Pub an der Feldstraße die Jungs zum Warmtrinken treffen und sitzenbleiben, bis sie wiederkommen. Erzählt ist alles doppelt so schön. Oder gesungen. Wie bei Tomte:
»Die Bayern besiegt und in Chemnitz verloren
Man hört noch die Chöre in seinen Ohren
Meine Schulter ist naß durch des Nebenmanns Tränen
Kann es etwas Schöneres geben«
(Tomte: Das hier ist Fußball)
Schön ist das! Aber Vorsicht, Freunde: Im Viertelfinale kommt Werder, und dann heißt es auseinandergehen! Außerdem stimmt es gar nicht, was ich oben geschrieben habe. Über Fußball singen dürfen nicht nur Tomte. Das dürfen auch die Mimmis. Und Klaus und Klaus!
Im Adventskalender: Eine rote Karte. Ich geh dann mal duschen!

Sonnabend, 24.12.2005
# Laß uns mal Schluß machen!

War klar: Kaum schwächelt man einen Tag, kommt der Anruf von Hamburg-Heiner. Und das am Heiligabend!
HH: Sven, was war denn da los, gestern?
Sven: Wieso?
HH: Stell dich nicht doof. Kein Blog. Meinst du, ich merk das nicht?
Sven: Hab keine Zeit gehabt. Mußte einen Baum besorgen. War schlimm.
HH: Schlimm?
Sven: Überall Nordmann-Tannen. Was sind das überhaupt, Nordmann-Tannen? Ich meine, wie sehen die überhaupt aus?
HH: Ja, schlimm.
Sven: Was ist mit den anderen Bäumen, was ist mit Fichte, Kiefer, Blautanne?
HH: Fichte laß ich gelten, aber die Kiefern werden alle von Ikea gebraucht. Und die Blautanne ist ja praktisch die Margot Honecker unter den Nadelbäumen, die willst du ja nicht wirklich, oder?
Sven: Ja, aber was soll der Scheiß mit den Nordmann-Tannen?! Überall nur Nordmann-Tannen. Ich hab bis vor kurzem gar nicht gewußt, daß es sowas überhaupt gibt. Ich meine, das sind doch keine Weihnachtsbäume, das sind doch, ich weiß auch nicht, Klonschafe oder sowas.
HH: Ich weiß, was du meinst.
Sven: Und da regen sich die Leute auf, wenn man nicht bloggt, aber wie soll man bloggen, wenn man den ganzen Tag nach einem Weihnachtsbaum suchen muß, der keine Nordmann-Tanne ist?!
HH: Ist schon klar. Verstehe ich gut.
Sven: Ich hab diese Welt nicht gemacht.
HH: Hast du völlig recht. Da bin ich voll und ganz deiner Meinung.
Sven: Was?

HH: Wie, was?
Sven: Hast du gesagt, daß du mit mir einer Meinung wärst?
HH: Ja, natürlich.
Sven: Meinst du das im Ernst?
HH: Fröhliche Weihnachten, Sven.
Sven: Meinst du das im Ernst?
HH: Was? Das mit dem Fröhliche Weihnachten? Natürlich, warum sollte ich das im Spaß sagen? So lustig ist das nun auch nicht!
Sven: Nein, das andere! Daß du mir zustimmst!
HH: Natürlich nicht. Aber heute ist Weihnachten, Sven. Das ist das Fest des Friedens! Und der Nordmann-Tanne. Hast du denn einen Baum gefunden?
Sven: Ja klar.
HH: Und was ist es für einer?
Sven: Nordmann-Tanne natürlich. Man muß auch mal seinen Frieden machen.
HH: Sag ich doch.
Sven: Frohe Weihnachten, Heiner.
HH: Frohe Weihnachten, Sven.
Sven: Laß uns mal Schluß machen, das ist mir jetzt irgendwie zu ... zu ...
HH: Ja. (legt auf)
Im Adventskalender: Eine One-Track-Single von Andreas Dorau: »Weihnachten im Wald«
Na dann: Frohe Weihnachten!

# III
# Element-of-Crime-Tourblog 2007

element-of-crime.de

20.2.2007 bis 10.3.2007

Dienstag, 20. Februar 2007

# Fribourg

12.00 Uhr:
Fribourg ist eine schöne Stadt mit schönem Wetter und einem schönen Hotel. Auch schöne Badewanne und faire Minibarpreise. Rock 'n' Roll, ich komme gleich nach.
Auf den letzten Kilometern in den Bus hinein die Frage gestellt:
Sven: Hat irgendjemand Bock darauf, im Tourblog erwähnt zu werden?
(allgemeines Schweigen)
Sven: Hat irgendjemand Bock darauf, im Tourblog erwähnt zu werden.
(allgemeines Schweigen)
Sven: Hat irgendjemand Bock darauf, im Tourblog erwähnt zu werden?
usw.
Man muß natürlich die Privatsphäre der Leute akzeptieren. Aber was ist das für ein komisches Internet-Tagebuch von einer Rock-'n'-Roll-Tournee, in dem die anderen gar nicht vorkommen? Das ist ja wie ein Film ohne Schauspieler. Wie Dick ohne Doof. So kann ich nicht arbeiten und war dann doch traurig, daß ich Hamburg-Heiner nicht mit reingeschummelt habe, der hatte mich doch extra vor einer Woche noch gefragt:
Hamburg-Heiner (HH): Sag mal, könnt ihr auf der Tour nicht noch einen gebrauchen?
Sven: Weiß nicht, ich frag mal, was willst du denn machen?
HH (denkt hörbar nach): Hm ... hm... tja... naja ... – Sänger, das wäre ganz gut. Sänger würde ich machen.
Sven: Da ist gerade nichts frei. Und sonst?
HH: Bei der Vorgruppe auch nicht?
Sven: Nein, die haben schon Ed Csupkay.
HH: Ed Csupkay? Wer ist das denn?
Sven: So heißt die Vorgruppe. Sind nur zwei Leute: Ed Csupkay und Malcom Arison. Und sie heißen nur Ed Csupkay.

HH: Naja, wenn die Ed Csupkay heißen, dann kann ich dem ja wohl kaum den Job wegnehmen.
Sven: Ja, das wäre schlecht.
HH: Wie wird denn der Name geschrieben?
Sven: Hamburg-Heiner, das ist jetzt nicht wichtig, wie der geschrieben wird. Wichtig ist, wie der ausgesprochen wird.
HH: Warum das denn?
Sven: Weil das die Niederschrift eines imaginären Telefongesprächs ist, du Paddel. Da ist es für den Leser doch viel wichtiger, wie der Name ausgesprochen wird; wie er geschrieben wird, das sieht er doch. Tschupkai, er wird wie Tschupkai ausgesprochen. Bei seiner Plattenfirma sagen sie auch gerne mal Schubski, aber das sind ja auch Menschenverächter. Oder jedenfalls Vertriebenenverächter.
HH: Ja, ja, das ist ja bekannt.
usw.
Jedenfalls wollte Hamburg-Heiner dann nicht mehr mit. Er wolle ein Vertriebenenkind nicht von seinem angestammten Arbeitsplatz verdrängen, sagte er.
Und das ehrt ihn.
Gleich ist Soundcheck. Da sind dann die anderen alle, Drückeberger, verdammte.

Mittwoch, 21. Februar 2007
# Dornbirn

9.08 Uhr
Hab mir die Einträge von gestern noch einmal durchgelesen. Das Gute daran ist, daß sie schon in dieser frühen Phase der Tournee einen Hauch von Paranoia verströmen, der der ganzen Blog-Sause bei all ihrer Sinnlosigkeit dann doch noch eine gewisse Berechtigung verleiht. Im Grunde erwarten natürlich alle von einem Tourblog, daß sie ordentlich was zu lesen bekommen von einer Bande lustiger Jungs, die hotelzimmerzertrümmernd und auch sonst guter Dinge durch die Lande marodieren, muntere Sexwitze reißen, auf Akustikklampfen neue Songs ausprobieren und alles an Drogen nehmen, was nicht bei drei auf dem Baum ist. Und völlig zu Recht. Aber nicht so hier. Nicht so bei diesem Blog. Hier haben wir einen mißtrauischen alten Zausel, der inmitten einer 12köpfigen Reisegruppe der zarten Pflanze seines Verfolgungswahns ein Düngestäbchen an die Wurzel steckt. Stark.
Leider sprachen die Fakten gestern abend in Fribourg eine andere Sprache: Langersehnt und voll der Spielfreude das Konzert, dazu Besuch von lieben alten Freunden, die man lange nicht gesehen hatte, sehr freundliche und aufopferungsvolle Veranstalter, ein ausgezeichnetes Essen und Cardinal vom Faß bis zum Abwinken. Sieht so die Scholle aus, auf der die Paranoia gedeiht? Nein, so kann ich nicht arbeiten.

9.20 Uhr
Im Bus wieder alles in Ordnung. Muß schief in der Ecke sitzen, damit mir keiner von den neugierigen Flitzpiepen auf den Bildschirm spannt. Kann man Menschen trauen, die mit verschränkten Armen Bananen essen? Wie machen die das? Muß Schluß machen, sie kommen näher.

14.50 Uhr

Das Conrad Sohm ist eine große Holzfällerhütte im Wald, das ist schön, das ist rustikal, und das ist in Dornbirn, Vorarlberg. Vorarlberg ist das kleinste und abgeschiedenste Bundesland der Republik Österreich, getrennt vom Rest des Vaterlandes durch den Arlberg, durch den aber ein Tunnel führt, immerhin. Bekannt ist Vorarlberg durch die Bregenzer Festspiele (mit Seebühne), den Bodensee und durch ein Skigebiet, in dem früher immer Hemingway persönlich die Pistensau markierte.

Uns verbindet mit dem Vorarlberg viel Gutes, Schlechtes und Peinliches (wie ja überhaupt mit jeder Gegend im deutschen Sprachraum, wenn man mal genauer darüber nachdenkt), von welchletzterem man ja nie genau weiß, ob es zum Guten oder zum Schlechten zu zählen ist. Früher spielten wir im Vorarlberg immer im »Spielboden« Dornbirn (1987 bis 1990), später dann mal in Bregenz, mal in Feldkirch, mal in Clubs, mal in Discos, was immer gerade aufhatte.

Regine, unsere österreichische Agentin, brauchte heute morgen 7,5 Stunden mit dem Zug von Wien bis Dornbirn, da kann man sich mal einen Begriff davon machen, wie groß Österreich nämlich in Wirklichkeit ist.

Denn das soll bei diesem Blog, wenn ich schon über die anderen nicht schreiben darf (und auch nicht mehr will, damit das mal klar ist!), das Motto sein: Bildung und der Abbau von Vorurteilen. Wenn mir das gelingt, diese beiden Ziele, die ja Hand in Hand gehen, die ja quasi immer zusammen zur Tür reinkommen, in diesem Blog fest zu verankern, dann wäre ich meinem Ziel, das vielleicht langweiligste Tourtagebuch der Welt zu schreiben, schon ziemlich nahe.

Im Conrad Sohm, das sei noch schnell erzählt, gibt es zwei riesige, aus lauter Hufeisen zusammengeschweißte Sessel. Stark!

Donnerstag, den 22. Februar 2007
# Innsbruck

10.20 Uhr
Als ich den Bus betrete, sehe ich sofort, daß etwas nicht stimmt, nicht stimmen kann, die Atmosphäre aufgeladen ist mit einer undefinierbaren Spannung, und natürlich tun alle anderen so, als merkten sie nichts. Und dann dies: Auf meinem angestammten Sitz, den sich schon lange keiner von den Bagaluten mehr traut mutwillig zu besetzen, liegt eine Erdnuß. Eine ganze, mit Schale, also keine einzelne und damit halbe Erdnuß, gesalzen etwa und/oder geröstet und dann natürlich ohne Schale, ganz zu schweigen von einer Viertelerdnuß, die es ja wäre, wäre es eine halbe, weil die richtige, ganze Erdnuß ja immer zwei so Dinger beinhaltet, und das ist es hier, das ganze, seltsam geformte Ding. Auf meinem Sitzplatz. Das ist hart. Dabei hatte ich geglaubt, das wäre jetzt alles mal irgendwie in Ordnung gekommen, die Sache, hatte ich geglaubt, wäre jetzt mal ausgestanden, das Thema erledigt, vergessen, nicht nur Schnee von gestern im juppderwallschen Sinne, sondern gleich schon Schnee vom vorigen Jahr, wie es bei F. Villon heißt, denn die Bildung soll in diesem Blog auch heute nicht zu kurz kommen. Zumal gestern doch alles paletti war, um es mal in der Sprache auszudrücken, die man an den Ufern des Lindischen Ozeans spricht, das Conrad Sohm ausverkauft, das Publikum ein entfesselter Mob mit kräftigen, sangesfreudigen Kehlen und einem Tanzstil, der teils bei Lala, teils bei Tinky-Winky abgeguckt schien, begeisternd war das gewesen, und jetzt das: eine Erdnuß.
Was wollen die einem damit sagen? Woher wissen sie, daß ich dagegen allergisch bin? Denn das bin ich, gerade so wie die Sängerin von Wir sind Helden, die das mal in einem Doppelinterview mit Blixa Bargeld erzählt hat. Außerdem weiß ich aus diesem Interview, daß die Erdnuß gar keine richtige Nuß ist, sondern eine Hülsenfrucht. Ist es also schon versuchte Körperverletzung? Oder bloß eine Warnung? Ein Gesprächsangebot über Hülsenfrüchte vs. Nuß? Eine Nachricht von Blixa Bargeld?

Schwer zu sagen. Schlimm.
Schwerer noch zu entscheiden, wie man sich verhalten soll! Soll man einfach die Nuß vom Sitz nehmen, sich hinsetzen und das Ding aufessen, wie Hamburg-Heiner es wohl machen würde? Sich einfach draufsetzen, die Nuß, die keine ist, also nicht mal ignorieren, wie der Berliner sagt?
Ohne mich, Freunde! Ich laß mich nicht provozieren und ich laß mich nicht unterkriegen. Wenn ihr Krieg wollt, sollt ihr Krieg haben.
Ich bleibe also im Gang stehen, und lasse mir nichts anmerken.
Ich kann auch im Stehen tippen.
Wollen doch mal sehen, wer zuerst nachgibt.

14.10 Uhr
Habe endlich Hamburg-Heiner an die Strippe bekommen. Der sieht das alles nicht ganz so dramatisch, aber der hat ja auch leicht reden.
Hamburg-Heiner: Erdnuß? Das ist nicht gefährlich. Außer wenn man dagegen allergisch ist, dann sollte man sie nicht essen.
Sven: Bin ich aber.
HH: Echt? Die Sängerin von Wir sind Helden auch. Auf jeden Fall solltest du sie dann nicht essen.
Sven: Mach ich auf keinen Fall.
HH: Eigentlich ist das auch keine Nuß. Und neuerdings schreibt man Nuß mit Doppel-s.
Sven: Ohne mich. Ich mach das nicht mit.
HH: Das mußt du wissen, Sven. Das sind Entscheidungen, die einem keiner abnehmen kann.
Sven: Ich mag das ß.
HH: Was ist denn aus der Erdnuß geworden?
Sven: Die liegt da immer noch.
HH: Das ist hart.
Sven: Sag ich doch.
Heute waren es nur 195 km bis Innsbruck. Aber Lörrach morgen, das ist weit. Wenn die falsche Nuß bis dahin nicht verschwindet, kommt es zum Armaggeddon.
Ich kann auch anders!

15.00 Uhr
Innsbruck liegt in einem Tal, umkränzt von schneebedeckten Bergen. Es ist die Hauptstadt des österreichischen Bundeslands Tirol. Es gibt eine Sprungschanze, ein Austrotel und eine rote Straßenbahn, die einmal in der Stunde in das benachbarte Stubeital (o. s. ä.) fährt. Das Catering im Club, der den schönen Namen Hafen trägt, hält eine Schüssel mit Thunfisch bereit, der vermischt mit der roten Sauce gleich daneben die schlimmsten psychischen Wunden heilt. Das Wetter: sonnig, blauer Himmel, gigantisch klare Sicht, kurz: ein Föhn, daß die Fontanelle rauscht. Daß Innsbruck am Inn liegt, muß hier wohl nicht näher erwähnt werden. Am Inn, aber weiter unten, liegt auch Marktl, der Ort, aus dem die deutschen Päpste immer kommen. Beeindruckend.

Freitag, 23. Februar 2007
# Lörrach

7.30 Uhr
Kellner im Frühstücksraum (KiF): Allein oder Gruppe?
Sven: Äh, äh ..., puh, ja, also... – Gruppe.
KiF: Wie viele?
Sven: 12 oder 13.
KiF: Und kommen die auch alle gleich?
Sven: Ja, glaub schon, wahrscheinlich ...?
KiF (guckt Sven sehr streng an): Sicher?
Sven (wird langsam bockig): Ja logo, klar kommen die, die können ja nicht nur von Überraschungseiern leben.
KiF (gnädig herablassend): Na gut.
Und so komme ich an den großen 12er-Tisch, allein. Alles ganz fein eingedeckt mit riesigen Leinentischtüchern, gefalteten Servietten usw., auf die ich erst einmal ein paar Teekannen- und Orangensaftringe appliziere, das ist nun mal so, außerdem kommen ja gleich die anderen, und die sind ja noch viel schlimmer. Wenn sie aber nicht kommen, denke ich, während ich nacheinander drei Eier köpfe, um herauszufinden, in welchem am wenigsten Glibber ist, wenn sie aber nicht kommen, dann gnade mir Gott, denn dieser Mann dort, denke ich, während ich aus den Augenwinkeln beobachte, wie der Kellner mich nachdenklich betrachtet, dieser Mann wird keine Gnade kennen, soviel ist mal sicher. Um mich herum sind alle anderen großen Tische besetzt mit Gruppen gutererzogener amerikanischer Teenager, von denen sich immer mehr in den Saal ergießen und nun auch nach und nach die kleineren Tische besetzen, während ich noch immer allein an dem monströsen 12er-Tisch vor mich hin werke und schon mal dazu übergehe, die gröbsten Schweinereien wie z. B. die Eigelbflecken und die Marmeladeneinsprengsel so gut es geht mit drei, vier Servietten zu bedecken. Der Gang zum Buffet wird zum Gang an den Pranger, ich glaube spüren zu können, wie sie hinter meinem Rücken auf mich zeigen und sich »Da läuft der verdammte Asi, der sich einen 12er-Tisch er-

schlichen hat, während wir unsere sportorientierte Teenagerposse auf drei, vier Einzeltische aufteilen müssen, wodurch unsere sexintensive Gruppendynamik zu einem schmerzhaften Stillstand kommt« in die Ohren flüstern, was immer das alles dann auch auf englisch heißen mag, denn das solltet ihr wissen, deutsche Verleger und Übersetzer: es gibt kein Amerikanisch, das ist eine Erfindung deutscher Verleger und Übersetzer, die mit der Realität nichts zu tun hat, es gibt kein Amerikanisch so wie es kein Österreichisch, Argentinisch oder Brasilianisch gibt, es gibt nur Englisch, Deutsch, Spanisch und Portugiesisch, und wenn jetzt ein paar Verleger- und Übersetzer-Knalltüten und -Klugscheißer kommen und davon reden, daß in den USA doch einige bemerkenswerte Unterschiede im dortigen Englisch im Verhältnis zum Englisch, das man in Großbritannien spricht, bestehen, dann schleudere ich ihnen entgegen: Das haben Sprachen so an sich, daß sie je nach Gegend auch mal etwas variieren, und kommt ihr mir mal nach Österreich oder in die Schweiz, wo es schon mal heißt: Erdäpfelsalat bleibt Erdäpfelsalat, oder: Falschparkierer werden verzeigt!
Da wir gerade von Knalltüten reden: Ich sitze hier immer noch alleine, und es ist nur noch eine Frage der Zeit, bis der Kellner mich von hier vertreibt, aber keine Frage der Zeit mehr, daß er mich haßt, denn das tut er schon, sonst würde er nicht bei jedem zweiten Vorübergehen »Kommen die noch?!« rufen, so laut, daß die amerikanischen Teenager zusammenzucken und skihosenraschelnd in Deckung gehen.
Andererseits, denke ich, und tue noch etwas Nutella auf die Tischdecke, andererseits sind wir jetzt schicksalhaft verbunden. Sicher möchte er mich am liebsten vertreiben, aber das wäre nicht nur eine Demütigung meiner Person, sondern auch ein Eingeständnis seiner eigenen Niederlage, denn er müßte dann wegen einem einzigen Mann den ganzen 12er-Tisch wieder herrichten, und je mehr Schaden ich hier anrichte, desto unantastbarer macht es mich, denke ich und werfe erst einmal ein Orangensaftglas um, und als der Kellner wieder vorbeikommt und »Kommen die noch?« brüllt, daß die Fensterscheiben zittern, sage ich ihm, daß die natürlich noch kommen, die duschen

immer nur so lange, und daß er mir bitte mal Kaffee bringen möge, der Tee sei doch nicht so das Wahre, »am besten gleich in großen Kannen für zwölf Leute«, rufe ich ihm noch hinterher, manchmal muß man auch in die Offensive gehen.
Es kommt natürlich noch immer keiner. Und nicht etwa, weil die Knallköppe so reinlich wären, das ist ja wohl sonnenklar. Soll keiner sagen, ich hätte es nicht versucht, obwohl das nach dem gestrigen Erdnußdesaster keineswegs selbstverständlich gewesen war. Allein oder Gruppe, hatte der Mann gefragt, und ich hatte Gruppe gesagt. Schlimm, wie einem das gelohnt wird. Ich bin sicher, die hocken jetzt alle zusammen und lachen fein und leise in sich hinein, während sie Überraschungseier essen und mit den 7-Zwerge-Figuren spielen, die sie in jedem siebten Ei gefunden haben.
Ich warte, bis der Kellner in der Küche verschwunden ist, und trete dann den Rückzug an.
Es wird bald mal Zeit für einen Gegenangriff!

9.00 Uhr
Keine Erdnuß mehr im Bus, nirgends. Na bitte, es geht doch!

16.00 Uhr
Lörrach liegt ganz im Südwesten der Bundesrepublik Deutschland, so nahe an der Schweizer Grenze, daß man eine tote Katze rüberschleudern könnte, was aber keiner macht, weil das verboten ist. Ebenfalls irgendwie in der Nähe: Frankreich, Freiburg, der Rhein und alles mögliche andere. Berühmter Sohn der Stadt: Ottmar Hitzfeld. Das Klima: mild.

Samstag, den 24. Februar 2007
# Ulm

0.15 Uhr
Gestern kam der Rest der Crew dazu. In Deutschland haben wir eigene Verstärker- und Lichtanlagen sowie eigenes Catering auf der Straße, das sind noch einmal ein LKW-Fahrer, ein Busfahrer, drei Techniker und zwei Köche mehr. Die werde ich auch alle nicht erwähnen. Hoffentlich verbünden sie sich nicht mit den anderen zwölf, dann wird's schwer.

9.00 Uhr
In Lörrach noch schnell in die Apotheke, Emser Pastillen kaufen. Hab mir bei der Gelegenheit noch Aspirin, Lemocin, Bepanthen-Lutschtabletten, Talcid, Chlor-Hexidin, Pflaster-Strips mit lustigen Tier-Motiven, Multivitamintabletten, Vitamin-C-Brausepulver, ein Haifischknorpel-Präparat, Omega-3-Fettsäuren-Fischölkapseln, elastische Binden, Zinksalbe, ABC-Pflaster, Otriven-Tropfen und -Spray, 0,9%ige sterile Kochsalzlösung, ein Blutdruckmeßgerät, Oral-Pädon, Kohle-Kompretten, Mobilat, Bronchipret, Sinupret, Tonsipret, Tonsilgon und eine Käptn-Blaubär-Wärmflasche andrehen lassen. Man weiß ja nie, womit die einen anstecken. Gegen Paranoia wollten sie mir Johanniskraut verkaufen, aber ich laß mich nicht verarschen.
Die stecken doch alle unter einer Decke!

14.30 Uhr
Das Handy-Display sagt »Oma«, also gehe ich ran, aber es ist nicht Oma dran, sondern Hamburg-Heiner. Rätselhaft.
Sven: Hallo Oma.
HH: Geh scheißen, von wegen Oma! Stubaital wird mit ai geschrieben, nicht mit ei, du Flachlandtiroler. Und kein Wort in deinem Blog über die Konzerte in Innsbruck und Lörrach, habt ihr da überhaupt gespielt, oder seid ihr nur unterwegs, um euch gegenseitig Zahnpasta auf die Türklinken zu schmieren?

Sven: Ich faß schon lange keine Türklinken mehr an. Die Türklinke ist ja auch ein Ding, das man auf Tournee kaum noch antrifft, das ist ja alles schon offen oder elektronisch oder was.
HH: Wie jetzt, offen?
Sven: Ich faß die jedenfalls nicht an, das macht immer der Tourmanager, der macht immer die Türen auf.
HH: Was hast du ihm denn dafür versprochen?
Sven: Nichts, ich geh immer hinter ihm, dann macht er immer die Türen auf. Und wegen den Konzerten, mal ehrlich, Hamburg, was soll ich denn schreiben? Die Konzerte sind doch immer voll der Hammer, alles voller schöner Menschen, die vor Freude nach jedem Song in die Hände klatschen, das kann man doch nicht jeden Tag wieder schreiben, das kommt ja höchstens als Schleimerei rüber.
HH: Das wäre doch genau dein Ding.
Sven: Nix. Das wäre nicht genau mein Ding. Mein Ding ist, dieses Blog auf das Wesentliche zu reduzieren, da bleibt kein Platz für Schleimerei, da zählen nur die harten Fakten. Wie ich das Konzert in Innsbruck erlebt habe, das ist doch total subjektiv, außerdem steht mir da keine Wertung zu, das wäre doch total anmaßend und patronisierend. Aber Flachlandtiroler, das ist ein interessantes Wort, das habe ich schon lange nicht mehr gehört, wußtest du eigentlich, daß der Bremer Alpenverein …
HH (streng): Laberflash ist auch ein interessantes Wort!
Sven: … ja, ja, daß jedenfalls der Bremer Alpenverein der größte Alpenverein Deutschlands ist, das wissen nämlich die wenigsten, wobei ja der Weiher Berg, die höchste Erhebung Bremens …
HH: Laberflash, Kamerad, Laberflash!
Sven: … mit seinen 30 Metern oder so auch nur ein künstlicher Berg ist, weil nämlich aus Müll hergestellt, wenn ich das richtig verstanden habe.
HH: Das ist allerdings interessant, erzähl mehr davon.
Sven: Naja, das war's eigentlich schon.
HH: Bist du sicher?
Sven: Laberflash – ist das nicht das, was die Kiffer manchmal kriegen?

HH: Es gibt auch Naturverstrahlte, glaub mir das.
Sven: Die haben's gut.
HH: Ich leg dann mal auf, Oma hat den Kaffee fertig.
Sven: Schöne Grüße.
HH: Sie fragt, ob du auch immer genug zu essen bekommst.
Sven: Welche Oma überhaupt?
Ich muß unbedingt mein Handy neu programmieren.

17.40 Uhr
Ulm liegt an der Donau, am östlichen Rand des Bundeslandes Baden-Württemberg. Auf der anderen Seite des Flusses liegt Neu-Ulm, das liegt in Bayern. Ulm hat ein beeindruckendes Münster in seiner Mitte, von dem seinerzeit der Schneider von Ulm mit seinem Fluggerät startete. Das soll auch eine Zeitlang funktioniert haben, aber dann fiel er damit in die Donau und wurde verspottet.
Das ist aber jetzt aus der Erinnerung erzählt, recherchiert wird hier gar nichts, hier wird einfach nur behauptet, schließlich sind wir im Internet.

Sonntag, 25. Februar 2007
# Saarbrücken

7.30 Uhr
Im Landgasthof Hirsch in Neu-Ulm tragen alle dort arbeitenden Frauen ein Dirndl. Das lob ich mir. Vielleicht sollte man verlangen, daß auch unsere Crew im Dirndl arbeitet, aber sowas ist schwer durchzusetzen in diesen permissiven Zeiten.

14.00 Uhr
Die ganze Fahrt nach Saarbrücken geschlafen. Unanständig ausgeruht aus dem Bus gestiegen. Fisch zum Mittag. Die Ruhe vor dem Sturm?

15.00 Uhr
Saarbrücken ist die Hauptstadt des Saarlandes und liegt an der Saar. Es gab in einem Schulbuch von mir mal eine sehr beeindruckende Luftaufnahme von der Saarschleife. Das ist dann so der Kram, an den man sich nach 35 Jahren noch erinnert.

17.00 Uhr
Das Hotel hat einen Zen-Garten. Nach 10 Minuten im Zen-Garten mit der Welt versöhnt. Es ist alles ein Mißverständnis gewesen, ein Irrtum, meine Schuld, vergeben und vergessen, Yin und Yang usw. Beim Soundcheck das Grabkreuz, mit dem sie das Gesangsmikrofon markiert hatten: Das war sicher nicht persönlich gemeint. Die schmutzigen Tassen und Teller auf meinem Gitarrenverstärker, die Knoten im Gitarrenkabel, die Butter auf der Bühnentreppe – sowas kann schon mal passieren.

17.10 Uhr
Der Rotwein korkt wie die Sau, aber die anderen sagen, das würde ich mir nur einbilden. Ich muß dringend noch einmal in den Zen-Garten.

17.30 Uhr
Im Zen-Garten treffe ich einen Mann im weißen Kittel, der Küchenabfälle entsorgt. Er fragt mich, was ich vorhabe. Lustwandeln und meditieren, sage ich, und er schlägt vor, ich solle dafür vielleicht lieber in den Zen-Garten gehen, das sei hier nur der Hof für die Mülleimer. Ich hatte mich schon gewundert, was für eine komische Zen-Richtung das wohl ist, bei denen blickt ja schon lange keiner mehr durch.

17.40 Uhr
Es stellt sich heraus, daß jemand kurz vor meiner ersten Ankunft im Hotel die Zen-Garten-Hinweisschilder umgestellt hatte.

17.41 Uhr
Ab jetzt garantiere ich für nichts mehr!

Montag, 26. Februar 2007

# Mannheim

10.30 Uhr
Beim Gang durch die Fußgängerzone Saarbrückens kam es zu einem kurzen Anfall von Rock-'n'-Roll-Shopping. Besitze jetzt eine schwarz-gelbe, wiederaufladbare Taschenlampe mit Standvorrichtung. Die könnte noch nützlich werden, wenn's mal dunkel ist. Das Restaurant im Saarbrücker Rathaus heißt »König von Bayern«. Stark.

13.00 Uhr
Bei der Fahrt nach Mannheim hinein viele Plakate gesehen, bloß keins von uns. Dafür aber einige von einer »Über 30 Tanzparty«. Über 30 Tanzparty. Über 30 Tanzparty. Könnte ich stundenlang drüber nachdenken. Habe dazu aber keine Zeit. Muß nämlich darüber nachdenken, wie ich in den 80ern als Tippse beim Internationalen Institut für vergleichende Gesellschaftsforschung, Schwerpunkt Arbeitspolitik wochenlang Interviews mit Mitarbeitern der AOK Mannheim abtippte, in denen es um die Probleme bei der Einführung von EDV unter den besonderen Bedingungen der Allgemeinen Ortskrankenkassen ging. Man konnte das Ergebnis dann ungefähr so zusammenfassen: Es war nicht immer leicht, aber irgendwie ging's. Wichtig war aber diese Aussage eines der AOK-Mannheim-Mitarbeiter in einem der Interviews: »Auf der anderen Seite liegt Ludwigshafen: Die haben die Chemie, wir haben die Abgase.« Hm. Das hat irgendwie einen bitteren Beigeschmack, das sollen die mal lieber unter sich ausmachen!
Sonstige Plakate: Subway To Sally, Jakob Hein und Wladimir Kaminer im Doppelpack, Lydie Auvray und die Auvrettes, diverse Musicals, Theaterstücke, Schaumparties, Comedy, Blues Jam Sessions.
Sieht so aus, als ob die hier auch ohne Chemie lustig sein können.

Dienstag, 27. Februar 2007
# Offtag

Offtag.

Mittwoch, 28. Februar 2007
# Mainz

15.00 Uhr
Hamburg-Heiner: Offtag, was ist das denn für eine Scheißvokabel, Offtag?!
Sven: So nennen wir das, so heißt das, so hieß das immer.
HH: Ihr müßt mal eure Gewohnheiten hinterfragen.
Sven: Da fangen wir mal lieber gar nicht erst mit an.
HH: Das ist auch so eine Bremer Schweinerei, das Wort damit in da und mit auseinanderzurupfen und die Einzelteile dann irgendwie sinnlos in den Satz hineinzudübeln, als wäre alles scheißegal.
Sven: Was ist denn heute los, Hamburg? Habt ihr Föhn da oben?
HH: Ich krieg gleich 'nen Fön. Offtag!
Sven: Das ist der Tag, wo man gar nichts tun darf.
HH: Nichts? Gar nichts?
Sven: Überhaupt nichts. Null. Nix. Nada. Niente. Nullinger.
HH: Nicht mal Fernsehen?
Sven: Nix!
HH: Schlimm. Kein Wunder, daß das so einen komischen Namen hat.
Sven: Das hat keinen komischen Namen, Hamburg. Du hast einen komischen Namen.
HH: Auch wieder wahr. Aber immer noch besser als Franka Potente.
Sven: Das ist Ansichtssache. Ich finde, das ist ein schöner, ehrenwerter Name.
HH: So würde ich nicht genannt werden wollen.
Sven: Die Gefahr besteht nicht, Hamburg.
HH: Dann ist ja gut.
Man hätte das Handy noch auslassen sollen.

17.00 Uhr
Ich hätte auch gerne so Koteletten wie Ed Csupkay.

17.10 Uhr
Ed sagt: Keine Chance.

17.15 Uhr
Mainz ist eine schöne Stadt, gelegen an der Stelle, an der der Main in den Rhein schwappt. Aber größtenteils gegenüber. Hierher führen viele Wege, auch und gerade die von der Main-Taunus-Verkehrsgesellschaft, wegen der der Musiksender MTV in Deutschland lange Jahre nicht unter www.mtv.de im Internet auftreten durfte. Das nur am Rande, falls sich früher mal jemand gewundert haben sollte, warum die immer die Adresse mtv-home.de hatten. Mittlerweile (oder mittlererweile, wie Ch. K. aus Lohr am Main sagen würde) scheinen die sich geeinigt zu haben. Wahrscheinlich waren die vom Main-Taunus-Verkehrsverbund irgendwann auch mal genervt, daß sie immer Anfragen zu den Back Street Boys beantworten mußten. Die wollten auch mal einen Offtag haben.

17.20 Uhr
Ed sagt: Vergiß es!

Donnerstag, 1. März 2007
# Düsseldorf

10.00 Uhr
Das Hotel Zwangsneurose am Park in Wiesbaden (Name geändert) ist ein Design-Hotel der besonderen Art, insofern es speziell auf die Wellness-Bedürfnisse andersfühlender Menschen (Paranoiker, Manisch-Depressive, Klaustrophobiker, Masochisten) zugeschnitten wurde. Hier kommt keiner unbehandelt raus. Wir schon gar nicht. Ein Festival der seelischen Schienbeintritte, ein Feuerwerk der Zumutungen, ein hyperaktiver Reigen der Unverschämtheiten am Morgen, am Mittag und am Abend. Nachts entspannt man sich beim harmonischen Rauschen und Plätschern der Abwasserrohre. Faszinierend.

15.00 Uhr
Düsseldorf: Schicksalsstadt der Band Element of Crime, soviel kann man wohl sagen. Hier nahmen wir unsere erste Platte auf, für das Düsseldorfer Ata-Tak-Label, im Düsseldorfer Ata-Tak-Studio in Düsseldorf-Gerresheim. Legendär unser gelungener Versuch 1985, in Düsseldorf durchzumachen, denn am Ende hatte nur noch Charlies Kneipe auf, betrieben von einem Ex-Boxer, in der dann alle Geschlagenen, Enterbten und Entrechteten von Düsseldorf beieinanderhockten, bis Charlie gegen 6 Uhr mit einem nassen Lappen herumging und den Schlafenden damit sanft und liebevoll übers Gesicht wischte. Von dort konnte man dann in eine Kneipe an einer S-Bahn-Station gehen, die um 6 Uhr aufmachte, und man hatte es geschafft. Überschätzt in Düsseldorf: der Ratinger Hof. Was sollte man denn 1985 von einer Punkrock-Kneipe halten, die um 1 Uhr die Leute mit den Worten »Sperrstunde, ihr müßt jetzt alle raus« auf die Straße schickt? Dann lieber Charlie und sein nasser Lappen, ihr toten Hosen.

17.00 Uhr
David Young schenkt mir für diesen Blog ein schönes Gastro-Informationsbild aus Wiesbaden. Die Fronten weichen auf, möchte man meinen!

Ein Restaurant in Wiesbaden. Hier wird Großes geleistet.
Foto: David Young

Freitag, 2. März 2007
# Göttingen

10.00 Uhr
Im Hotel in Düsseldorf tragen die Zimmer die Namen berühmter Gäste, die dort schon einmal übernachtet haben. Dazu gibt es ein riesiges, gerahmtes Foto des entsprechenden Celebrity-Giganten über dem Bett. Hier die Zuordnung, die sicher nicht zufällig vorgenommen wurde:
Richard Pappik: Georgette Dee
David Young: Paul Kuhn
Jakob Ilja: Katja Riemann (oder Ebstein, er kann sich kaum erinnern)
Ed Csupkay: Götz Alsmann
Malcolm Arison: Marla Glenn
Tourmanager: Hannes Wader
Und bei mir? Nix. Gar nix. Fehlanzeige, mit Zitronen gehandelt, am Arsch die Räuber, das einzige Zimmer ohne Namen. Dabei wären Tim Fischer oder Dominique Horwitz noch zu haben gewesen, da hätte man gerne mal übernachtet, obwohl Ed sagt, ich wäre mehr so der Mario-Adorf-Typ, auch das eine Aussage, von der man nicht genau weiß, wie sie eigentlich gemeint ist. Wie ja die anderen die Sache auch tatsächlich als prestigerelevantes Zeichen zu nehmen scheinen. Sie rufen im Bus ihre ihnen zugeordneten Namen immer wieder in die Runde, wie sonst nur Kinder die Marken- und Modellnamen beim Autoquartett, in kindlichem Ernst und juveniler Spielfreude sich gegenseitig übertrumpfend, die für ihre Unterhaltungstitanen sprechenden Vorteile herausputzend, als gelte es, irgendeinen Wanderpokal zu gewinnen, von dessen Existenz mir keiner was gesagt hat. Da sehe ich jetzt natürlich alt aus. Ich versuche eine Zeitlang so zu tun, als hätte ich geschwindelt und in Wirklichkeit im Helge-Schneider-Zimmer übernachtet, was mich gleich ziemlich nach vorne gebracht hätte, aber sie glauben mir nicht, sondern lachen mich nur aus. Warum glauben sie mir nicht? Woher wissen sie, daß ich lüge? Immerhin war ich ganz oben untergebracht, unterm Dach, wo sie nie hinkamen. Die Ant-

wort ist klar: Das ist alles ihr Werk. Wahrscheinlich hatte ich sogar Günther Strack, und sie haben es abmontiert. Die ultimative Demütigung. Alles in mir schreit nach Rache.

10.30 Uhr
Sieht so aus, als ob Dave mit Paul Kuhn langsam die Oberhand gewinnt, die anderen sind schon ganz kleinlaut.

10.31 Uhr
Überraschungserfolg von Ed Csupkay / Götz Alsmann: 12 Klavierpunkte gegen 10 bei Paul Kuhn.

10.32 Uhr
Young/Kuhn gewinnen knapp das Stechen gegen Csupkay/Alsmann: Den Ausschlag gab am Ende die Kategorie Frisur. Rauschende Siegesparty, Bier, Wein, Kräuterschnäpse. Alle schietendick. Hoffentlich legen sie sich vor dem Gig heute abend noch mal hin, sonst kommt's auf der Bühne noch zur Gärschwallverklappung! Schlimm!

Szene aus Göttingen: Hier wurde »Herr der Ringe« gedreht.
Foto: David Young

Samstag, 3. März 2007

# Chemnitz

0.25 Uhr
Im Cateringraum, in dem sich alle für ein letztes Heißgetränk im Stehen versammelt haben, kommt es zum Eklat: Durch eine unbedachte Bewegung, verursacht durch das Erstaunen über eine Aussage Jakob Iljas, das Universum hätte neuesten Erkenntnissen zufolge weniger die Form einer Banane, als vielmehr die einer leicht eingeschrumpelten Aubergine, fällt mir der Löffel, der gerade noch gute Dienste bei der Entsorgung eines Teebeutels der Sorte »Lord Nelson – feiner grüner Tee« geleistet hatte, von der Untertasse. Ein Klirren, dann Totenstille, dann reißen alle wie auf ein Kommando ihren jeweils freien Arm mit geballter Faust nach oben und der Ruf »Rock 'n' Roll« braust vielkehlig über die silbernen Platten voller Rohkostschnitzel und leichtem japanischem Knabbergebäck. Jemand, wahrscheinlich der Backliner, wirft im Schutze der allgemeinen Erregung eine Erdnuß (sic!) mit solch jugendlichem Furor in einen Aschenbecher, daß sie durch die Wucht des Aufpralls zurückgeschleudert wird und unkontrolliert zwischen den Bänden der zur Konversationsunterstützung ausliegenden Shakespeare-Gesamtausgabe (28 Bände, zweisprachig) verschwindet. Der Tourmanager kann gerade noch rechtzeitig eingreifen und mit den ermahnenden Worten »Jungs, wir hatten doch darüber gesprochen!« und »Ist mir egal, wer das war, das fällt auf die ganze Gruppe zurück, das tut mir dann auch leid!« das Schlimmste verhüten. Männer auf Tournee: Wehe, wenn sie losgelassen!

10.00 Uhr
Mir fällt auf, daß Göttingen als Stadt bisher unbeschrieben blieb. Mache eine kurze Umfrage, was die anderen über Göttingen wissen. Längere Beratung und Diskussion. Am Ende kann man sich auf folgende vorläufige Aussage einigen: Göttingen existiert und bildet einen tapferen Vorposten am äußersten Rand des Landes Niedersachsen. Bewohnt wird es von ungefähr drei Millionen

Studenten, die aufgrund ihrer großen Zahl nur umschichtig auf die Straße dürfen: An den Tagen mit gerader Datumszahl die mit den Anfangsbuchstaben A–K, an den Tagen mit ungerader Datumszahl die mit den Anfangsbuchstaben L–Z. Durch den Umstand, daß manche Monate 31 Tage haben und dann an deren Ende zwei ungerade Tage aufeinanderfolgen, kommt es regelmäßig zu großer Verbitterung bei den Studenten mit den Buchstaben A–K, die durch die Vergabe von Mensa-Rabatten und die Veranstaltung von zweitägigen Nonstop-Indoor-Schaumparties nur teilweise gemildert werden kann.

14.00 Uhr
Chemnitz ist eine schöne kleine Stadt in Sachsen, und immer wenn wir nach Chemnitz hineinfahren, muß ich an Ekki Busch denken (dessen neue Ekki-Busch-Terzett-Platte übrigens an dieser Stelle wärmstens empfohlen sein soll). Ekki Busch erzählt gern und oft und immer wieder diesen einen Witz: »Dresden hin, Dresden her, Leipzig gleich, Chemnitz ooch nischt.« Ich, das sei hier zugegeben, habe Jahre gebraucht, um diesen Witz zu verstehen. Umso größer dann die Freude. Danke Ekki!

16.00 Uhr
Die Bühne im Südbahnhof, Chemnitz, ist auf der Vorderseite mit einem Tarnnetz verkleidet. Das ist eine gute Idee, da fällt sie nicht so auf!

Szene aus Chemnitz: Drei Verkehrs- und zwei Kommunikationswege in einem Bild. Foto: David Young

Sonntag, 4. März 2007

# Magdeburg

15.00 Uhr
Zorn und Trauer beim Tourcatering (RGF). Der neue Guide Michelin ist da, und es sind wieder nur zwei Sterne geworden, dabei hatten O. und J. fest mit einem dritten Stern gerechnet. »Was soll man denn noch machen?« fragt O. verzweifelt und geht mit seinem größten japanischen Messer, das von der Form her mehr an ein Hackebeil erinnert, an den Wetzstein. J. bringt die Friteuse zum Rauchen. Alle halten den Kopf unten. »Aber die 20 Kochmützen im Gault Millau, das ist doch auch was!« versuche ich die Wogen zu glätten. »Und 2 Sterne im Michelin, wer hat das schon?!«, füge ich hinzu, aber es nützt nichts. J. stimmt hinter der höllisch brodelnden Friteuse leise das Lied vom Schnitter Tod an. O. wetzt weiter das Messer, es schneidet schon besser. »Wenn ich nicht bald erfahre, wer von euch der Michelin-Tester war, gibt's nur noch Gammelfleisch-Döner«, sagt O. J.s Gesang wird lauter und bösartiger. »Ich war der vom Gault Millau«, versucht Jakob seine Haut zu retten. Der Rest schweigt und verschlingt hastig den Rest vom Risotto ai funghi porcini con tartuffo bianco, bevor der eingezogen wird. Der Trüffelhobel: verwaist. Das wird bös enden.

15.12 Uhr
Der Tourmanager hat mit der Redaktion des Guide Michelin gesprochen. Es war alles nur ein Irrtum, ein Druckfehler. Der dritte Stern: eine Selbstverständlichkeit, sagen sie. Die aktuelle Ausgabe wird zurückgezogen und eingestampft. Für 16.00 Uhr ist in Paris eine Pressekonferenz angesetzt, in deren Verlauf J. Chirac sich persönlich im Namen der französischen Nation bei der RGF und Angela Merkel entschuldigen wird. Vielleicht auch bei Max Merkel, er weiß es noch nicht genau. Im Catering werden die Hummerscheren wieder mit Gummibändern gesichert. Das war knapp!

16.00 Uhr
Magdeburg wirbt für sich mit zweierlei Bezeichnungen: Grüne Domstadt an der Elbe und Altehrwürdige Kaiserstadt an der Elbe. Doppelt genäht hält besser. Und die Sache mit der Elbe kann man auch nicht genug betonen: Zu viele Menschen denken bei Elbe immer nur an Hamburg oder Dresden, aber auch Magdeburg ist wichtig und hat im Dreißigjährigen Krieg viel leiden müssen. Im übrigen sei bemerkt, daß es sich bei allen drei vorgenannten Elbstädten um Landeshauptstädte handelt, das gibt's an keinem anderen deutschen Fluß. Stark!

Backstage Magdeburg: Hell, sachlich, ergonomisch. Auf der Dose ist noch Pfand. Foto: David Young

Montag, 5. März 2007
# Halle

16.15 Uhr
Jakob verliert beim Soundcheck ein Plektrum und läßt es einfach liegen. Nimmt sich ungerührt ein neues vom Verstärker, wo der Backliner die Dinger in Zehnerstapeln aufgeschichtet hat. Ein Mann gibt sich auf. Wird Zeit, daß der Offtag kommt.

17.00 Uhr
Halle ist die zweite große Stadt in Sachsen-Anhalt. Hier wurde Händel geboren. Später ging er nach England und wurde ein Megastar. Da sollte man ruhig mal drüber nachdenken. Vielleicht morgen, am Offtag.

17.14 Uhr
Regen und Sonnenschein zugleich, die Stadt überwölbt von einem Regenbogen. Prächtig. Wird aber Zeit, daß der Offtag kommt.

17.15 Uhr
Der Tourmanager spricht ein Verbot aus, den morgigen Offtag zu erwähnen. Angedrohte Strafe: 50 Euro pro Vorfall. Dave zahlt gleich 100 Euro im voraus ein. Kluger Mann. Richard und ich entwickeln einen Code: Offtag heißt jetzt Kaninchen. Wir beginnen ein längeres Gespräch über rauhfutterverwertendes Kleinvieh.

17.18 Uhr
Mein Schuh ist offen. Wird Zeit, daß das Kaninchen kommt.

Was die wenigsten wissen: In Halle steht das größte Schlüsselloch der Welt. Wehe, wenn es aufgeschlossen!
Foto: David Young

Dienstag, 6. März 2007
# Offtag

Offtag.

Schön wäre es, am Offtag in Thun zu sein!
Foto: Unbekannt

Mittwoch, 7. März 2007
# Münster/Westf.

10.00 Uhr
Ich schalte das Handy ein. Hamburg-Heiner ist dran.
HH: So geht das nicht, Sven.
Sven: Nein. Was denn nicht?
HH: Offtag – da will man schon gerne etwas mehr wissen. Was nützt mir denn ein Tourblog, wenn man nicht erfährt, was am Offtag so läuft. Da geht's doch erst richtig ab, das weiß doch jeder, Poolparties, Sex, Schnaps, zerschmetterte Fernseher...
Sven: Ganz genau. Aber das ist doch alles schon schlimm genug, das muß man doch nicht auch noch so raushängen lassen!
HH (streng): Aha! Das ist also wirklich so!
Sven: Ja. Aber du hast den Bingo-Abend vergessen, den der Tourmanager organisiert hat.
HH: Bingoabend?
Sven: Ja. Obligatorisch. Teilnahmegebühr 40 Euro. Das geht vier Stunden, danach Bettruhe.
HH: Und was konnte man da so gewinnen?
Sven: Lutscher.
HH: Lutscher?!
Sven: Ja. Chubba Chups, und dann so Schokolade am Stiel, in Weihnachtsmannform, die hat er günstig bekommen, sagt er. Und dann noch der Hauptgewinn!
HH (gelangweilt): Was war der Hauptgewinn?
Sven: Eine polnische Mastgans, tiefgefroren, 8 Kilo. Die hat der Backliner gewonnen.
HH: Und was macht er damit?
Sven: Die ist schockgefroren bei minus 50 Grad. Er benutzt sie, um sich damit zwischendurch mal die Hände zu kühlen.
HH: Schlauer Mann. Essen kann man sie ja auch später noch.
Sven: Ja, Weihnachten oder so. Und als Nachtisch ein Lutscher.
HH: Ihr habt ein schönes Leben.
Sven: Da sagst du was!
Jetzt ist es also doch alles rausgekommen. Schlimm!

15.00 Uhr
Münster/Westf. ist ein starkes Stück Deutschland und Fahrradhauptstadt, das ist mal klar. Fahrräder, Fahrräder, Fahrräder. Sie sind überall und vermehren sich wie die Kaninchen (sic!). Zugleich ist Münster die Stadt mit den meisten Niederschlägen, Regen, Regen, Regen. Wie diese beiden Fakten zusammenpassen, darüber sollte man mal in Ruhe nachdenken.
Bei der Herstellung von Münster/Westf. wurden 723 Milliarden Backsteine verbaut und man ist hier sehr katholisch. Ringsum ist das Münsterland. Berühmte Leute von hier aus der Gegend: Ekki Busch, Udo Lindenberg, Jürgen W. Möllemann. »Berühmte Leute von hier aus der Gegend« – ich geh mir erst mal eine Tüte Deutsch kaufen.

Regenbogen über Münster. Den haben sie sich hier hart erarbeitet!
Foto: David Young

Donnerstag, 8. März 2007
# Oldenburg

13.00 Uhr
Bei der Anfahrt auf Oldenburg mit Kopfhörern Monkberry Moon Delight von Paul McCartney gehört. Alles wie unter Wasser. Stark!

15.00 Uhr
Oldenburg, Metropole an der Hunte, einem Fluß, über den man sich viel zu wenig Gedanken macht, wiewohl er nicht nur die Delme in sich aufnimmt, sondern auch in die Weser sich ergießt auf der Höhe von Farge oder so. Über Oldenburg kann man unendlich viele Dinge erzählen, aber hier nur das Nötigste: Zu Zeiten des Kalten Krieges war Oldenburg nach Koblenz die größte deutsche Garnisonsstadt, hier gab es auf einen Zivilisten immer mindestens drei Soldaten, weshalb das subjektive Sicherheitsempfinden in Oldenburg nirgendwo seinesgleichen kannte. Heute sind die alle woanders, heißt es, in Potsdam oder Afghanistan oder auch ausgemustert, denn das Soldatenhandwerk erfreut sich im Rückraum der norddeutschen Tiefebene nicht mehr ganz der großen Nachfrage wie in der guten alten Zeit. Der zweite große Wirtschaftszweig in Oldenburg ist die Grünkohlindustrie, und die brummt wie eh und je. In Sachen Grünkohl wird Oldenburg der Rang nur durch Bremen streitig gemacht, da werden erbitterte Kämpfe ausgefochten, wobei Oldenburg durch die Verleihung des Titels der Grünkohlkönigin (A. Merkel) und die geschickte Lancierung des Begriffs »Oldenburger Palme« knapp die Nase vorn hat. Seinen Pinkel bevorzugt der Oldenburger stark durchgeräuchert, wodurch er länger hält als der Bremer Pinkel, er im Geschmack aber gegenüber dem in der Farbe weißlicheren und in der Konsistenz weicheren Bremer Pinkel in der Kategorie Distinktionsgewinn deutlich zurückliegt, denn geräuchert wird zwischen Ems und Weser ja sowieso alles, was nicht bei drei auf dem Baum ist. Langzeitplanende Politiker Oldenburgs machen

sich aufgrund des Klimawandels Sorgen um diese Schlüsselindustrie, denn die Oldenburger Palme muß mindestens einmal Frost gehabt haben, bevor man sie ißt. Zum Herzogtum Oldenburg gehörte früher auch mal Delmenhorst. Berühmter Sohn der Stadt Delmenhorst: Arthur Fitger. Der hat neben vielen gewöhnungsbedürftigen Gedichten auch die nicht minder gewöhnungsbedürftigen Fresken im Eingangsbereich der Hamburger Kunsthalle geschaffen. Stark!

Die Hunte in Oldenburg: Amsterdam kann einpacken!
Foto: David Young

Freitag, 9. März 2007
# Kiel

10.00 Uhr
Das Parkhotel in Bremen: Das einzige Hotel auf dieser Tour, das eine Erwähnung in einem Simmelroman nachweisen kann. Stark!

12.00 Uhr
Zwischen Neuer Vahr Nord (links) und Neuer Vahr Süd (rechts) hindurch zur Autobahn gefahren. Kinder angeln im Vahrer See. Haben die überhaupt einen Angelschein? Gottseidank gibt es dort Rentner, die sich um so was kümmern!

15.00 Uhr
Kiel. Landeshauptstadt. Malerisch an der Kieler Bucht gelegen. Heide Simonis. Björn Engholm. Peter Harry Carstensen (www.peter-harry.de). Uwe Barschel! Dänemarkfähren. Kieler Woche. Kieler Sprotten. Traum GmbH. Irgendwie hängt das alles zusammen, aber wie? Ein baltisches Enigma. Hinter den Fenstern: Spaßgesellschaft. Faszinierend!

16.00 Uhr
Die höchste Bühne nördlich der Elbe (ca. 2,5 m). Teile der Band fordern einen Treppenlift (www.lifta.de).

Szene aus Kiel: Architektur mal anders!
Foto: David Young

Samstag, 10. März 2007

# Rostock

10.00 Uhr
Erst mal Hamburg-Heiner anrufen. Es gibt Tage, an denen braucht man das weniger stark nicht als an anderen, das muß man gleich ausnutzen.
HH: Sag nichts. Sag nichts. Ich weiß, wer du bist. Ich habe ein digitales Telefon. Kieler Förde, Kamerad, Kieler Förde. Nix Kieler Bucht. Schäm dich. In die Ecke. Liest du eigentlich die Kommentare?
Sven: Lieber nicht. Hab ich Angst vor.
HH: Solltest du haben.
Sven: Das Interaktive ist meine Sache nicht.
HH: Das Wahre auch nicht. Drei Landeshauptstädte am Rhein, mal drüber nachgedacht?
Sven: Ich kam nur auf zwei. Immer nur auf zwei. Mainz und Düsseldorf.
HH: Du hast Wiesbaden vergessen.
Sven: Schlimm!
HH: Mindestens!
Sven: Obwohl andererseits, ich meine, Wiesbaden am Rhein, irgendwie als Stadt am Rhein hat man das ja nicht so auf dem Zettel.
HH: Sollte man aber. Hast du kein Wikipedia oder so was?
Sven: Nein, hier wird nicht recherchiert, das ist alles nur gefühltes Wissen.
HH: Dann solltest du wenigstens die Kommentare lesen.
Sven: Das kann ich nicht, die nehmen das am Ende alles noch ernst, und was dann?
HH: Wieso sollten die das ernst nehmen?
Sven: Keine Ahnung. Manche von denen glauben vielleicht sogar, daß es dich wirklich gibt, tu dir das mal rein.
HH: Nein?!!!
Sven: Doch. Die Trennlinie zwischen Literatur und richtigem Leben ist ja mittlerweile mehr so mit weichem Bleistift gezogen.

HH: Aber bei dir doch nicht!
Sven: Nein, bei mir ist das dicker, wasserfester Edding. Aber das glaubt einem ja keiner.
HH: Schlimm!
Sven: Kann man wohl sagen.
(längeres Schweigen. Dann:)
HH: Und was läuft sonst so?
Sven: Keine Ahnung. Wir fahren heute nach Rostock. Wo warst du denn gestern? Ich dachte, du wolltest nach Kiel kommen!
HH: Konnte nicht. Mußte meinen Kaktus gießen. Der ist sensibel.
Sven: Ach so. Dann werde ich dich wohl mal wieder für längere Zeit auf Eis legen, alter Freund.
HH: Ich freu mich drauf.
Adieu, Hamburg-Heiner. Was würde ich ohne dich machen ...

16.37 Uhr
Rostock. Im Moya-Club gibt es nicht genug Strom. Jetzt werden zusätzliche Leitungen angeschlossen, deshalb liegt alles im Dunkeln. Einsam leuchtet der Notebook-Bildschirm. Wohl dem, der jetzt 10-Finger blind tippen kann. Schlecht aber, wenn man dabei in der Grundstellung verrutscht, fsmm dorjz fsd dp sid!

16.40 Uhr
Das Licht geht wieder an. Bei der RGF summen die Pürierstäbe das Lied von der Haute Cuisine.

16.45 Uhr
Noch ist nicht klar, ob das Konzert überhaupt stattfinden kann. Die lichte Höhe über der Bühne, die Stromkapazität – nichts stimmt. Wir haben aber die beste Crew der Welt, sonst müßte man sich ernsthaft Sorgen machen.

18.30 Uhr
Soundcheck ist fertig. Aber die Haus-Elektriker müssen sich auch noch um die Notstrombeleuchtung kümmern, die ist auch

nicht am Start. Kann man nicht riskieren. Der Einlaß wird sich verzögern. Jetzt kommt einem tatsächlich noch die Scheißrealität in die Blog-Quere. Bitter.

20.20 Uhr
Der Einlaß hat sich um 1 Stunde und 20 Minuten verzögert, aber jetzt können die Leute endlich rein. Gleich mal rausgehen und die Sache erklären. Am Ende fällt so was immer auf die Band zurück. Naja, geschieht uns recht, wir hätten ja auch was Richtiges lernen können.

23.57 Uhr
Vorbei. Es ist alles gutgegangen. Eine feine Tournee. Eine feine Crew. Feine Musiker. Fein, fein, fein. Manche denken, am Ende von solchen Tourneen würde noch groß gefeiert. Kann sein, kann nicht sein.

Eine Liebe in Deutschland: Ed Csupkay und Malcolm Arison
Foto: David Young

# IV
# Sex-auf-der-Buchmesse-Blog

spiegel.de

14.10.2008 bis 18.10.2008

Dienstag, 14. Oktober 2008

# Der Tag davor
# oder:
# Mütze auf, wenn der Preis kommt

12.36 Uhr:
Ich packte gerade die Medikamententasche für die Buchmesse (Aspirin, Ibuprofen, Paracetamol, Alka Seltzer, Talcid, Vitamin C, Nasenspray, Mobilat, Bepanthen, Maaloxan, Jodsalbe, Gummihandschuhe, Amoxicillin, Erythromycin, Doxycylin, Hansaplast), als Hamburg-Heiner anrief.
Sven: Hamburg-Heiner, du!
Hamburg-Heiner: Ich hab gehört, es geht wieder los.
Sven: Du meinst die Bloggerei?
HH: Ja. »Herr Lehmann bloggt« heißt es im Spiegel.
Sven: Naja, aber sie haben »Herr Lehmann« in Anführungszeichen gesetzt, immerhin, mehr erwartet man ja schon gar nicht mehr.
HH: Ich auch.
Sven: Das hätte bei dir aber zweimal in Anführungszeichen gemußt, also »›Herr Lehmann‹ bloggt«!
HH: Das ist kleinlich und stumpf, Kamerad. Und was ist da los beim Deutschen Buchpreis?
Sven: Wieso? Ist doch alles in Ordnung. Das dickste Buch bekam am meisten Geld, das ist doch logisch.
HH: Aber zehnmal so viel wie die anderen, kann mir doch keiner sagen, daß das logisch ist.
Sven: Nein, ich meine, die Richtung stimmt, proportional gesehen ist das natürlich nicht logisch, da sollte man mal auf der Buchmesse ein Panel drüber machen. Überhaupt, ich bin gar nicht auf ein Panel eingeladen. So wegen Kindle oder so, eigentlich komisch, normalerweise wird man doch auch immer mal auf ein Panel eingeladen …
HH: Kindl, so was kann doch kein Mensch trinken, das ist ja noch schlimmer als Schultheiss.

Sven: Mein Reden.
HH: Ich hab den Spiegel gerade hier, wegen Preise und so: Guck dir mal die ersten fünf Bücher in der Bestseller-Liste an, da geht doch alles drunter und drüber: Charlotte Roche: 14,90, Ildikó von Kürthy: 17,90, Sven Regener: 19,95, Paulo Coelho: 19,90, Ken Follett: 24,95.
Sven: Ja und? Das ist doch ziemlich gleichmäßig!
HH: Ja, aber jetzt die Seitenzahlen: Charlotte Roche: 220, Ildikó von Kürthy: 256, Sven Regener: 281, Paulo Coelho: 240, Ken Follett: 1120, tu dir das mal rein!
Sven: Ja und?
HH: Das macht pro Seite in Cent: Charlotte Roche: 6,77, Ildikó von Kürthy: 6,84, Sven Regener: 7,10, Paulo Coelho: 8,29, Ken Follett: 2,23. Am Ende aufgerundet, ich meine auf den Hundertstelcent.
Sven: Den oder das Cent?
HH: Keine Ahnung, ich bin innerlich immer noch bei Pfennig, aber aus dem Jahr 1982, dann paßt das wieder ganz genau, so preislich.
Sven: Stark!
HH: Ja. Jedenfalls: Oberflächlich betrachtet ist die Sache ganz einfach: Die Platzierung ist umso höher, je billiger das Buch pro Seite ist, jedenfalls bei den ersten vier. Nur Ken Follett paßt da nicht so rein.
Sven: Das ist ja auch Dumping, das kommt dann wahrscheinlich nicht mehr so gut an.
HH: Ich glaube: »Gehe nie über 20 Euro«, das ist die Regel.
Sven: Ja, aber da ist mir noch was aufgefallen?
HH: Was denn?
Sven: Die Preisgestaltung: Roche, v. Kürthy und Coelho alle am Ende mit 90 Cent, aber Regener und Follett: 95 Cent. Das ist irgendwie stark. Da kommt es auf die fünf Cent auch noch an. Nichts mit bourgeoisem Laissez-faire, nichts mit: »Behalten Sie den Rest« und so, sondern schön: »Die fünf Cent hätte ich bitte auch noch gern.«
HH: Das liegt ja auch an den Verlagen: Eichborn, Lübbe, das sind brave, gute Trashverlage, das sind Verlage, die sich noch an

die Arbeiterklasse richten und wo für ehrliches Schreiben und ehrliches Drucken noch ehrliches Geld verlangt wird. Die haben nichts zu verschenken.
Sven: Noch besser wäre gewesen: »Der kleine Bruder«: 19,99.
HH: Das hätte die Buchhändler aber gezwungen, jede Menge Eincentmünzen vorzuhalten.
Sven: Vorhalten, das ist überhaupt ein Wort, das in den letzten fünf Jahren erst aufgetaucht ist, vorher gab es das in dieser Bedeutung nicht, glaube ich.
HH: Eigentlich ein Begriff aus der Harmonielehre, Vorhalt.
*(Anmerkung S.R.: Man muß nämlich wissen, daß HH und ich früher gemeinsam in Hamburg Musikwissenschaft studiert und gemeinsam die Kurse Harmonielehre 1, 2 und 3 besucht haben, wobei Hamburg-Heiner zwar die besseren Zensuren, ich dafür die unkonventionelleren Lösungen gehabt hatte, aber das nur am Rande!)*
Sven: Das schweift jetzt zu weit ab.
HH: Okay, nur dies noch: Hast du die Mütze gesehen?
Sven: Welche Mütze?
HH: Die von Uwe Tellkamp auf dem DPA-Foto, das in Spiegel-Online zu sehen ist.
Sven: Diese barettähnliche Sause da auf seinem Kopf?
HH: Ja, die ist toll, die hat so was Panzerkreuzerpotemkinhaftes und kontrastiert so schön mit der Krawatte – ich meine, das hat Pfiff.
Sven: Ob das Gestreifte, ob das echtes Zebra ist?
HH: Das sei mal dahingestellt. Warum ich das aufbringe: Das könnte der Beginn eines neuen Trends sein.
Sven: Wie meinst du das?
HH: Vielleicht war es gar nicht der Preis pro Seite, obwohl Tellkamp da auch von allen Kandidaten am besten abschneidet, 2,54 Cent, das ist fast schon so gut wie Ken Follett, aber nein, vielleicht war es ja die Mütze.
Sven: Das wäre allerdings der Hammer.
HH: Der Hammer ist immer schon eine schlechte Metapher gewesen, außer im Heavy Metal, Sven! Weißt du schon, was du in deinem Blog schreiben willst?

Sven: Irgendwas Erbauendes. Was die Leute aufrichtet in schwerer Zeit. Was man da so erlebt auf der Buchmesse und so. In kurzen, knappen Sätzen. Die trotzdem schön sind.
Oder ich schreib
Es untereinander
Dann
Ist es ein
Gedicht.
HH: Was willst du da schon groß erleben?
Sven: Keine Ahnung, irgendwas mit Sex sollte man schreiben, das ist gerade bei Blogs wichtig, damit das bei den Suchmaschinen vorne mit reinkommt, wenn die Leute nach Sex fragen.
HH: Was hast du denn vor auf der Buchmesse?
Sven: Ich hab die ganze Zeit Interviews, und Arte filmt mich dabei und so.
HH: Das ist doch total öde.
Sven: Ja, gut, aber es gibt auch noch die Arno-Schmidt-Gesellschaft, die haben immer einen schönen Stand gehabt in den letzten Jahren. Da könnte man mal von berichten. Vielleicht kommt da ja auch mal der J. P. Reemtsma vorbei.
HH: Der kommt ganz gewiß nicht. Und wenn, dann ohne Bart, und dann erkennt ihn keiner.
Sven: Vielleicht könnte ich ja auch mal den Simmelwitz erzählen.
HH: Sven!
Sven: Was denn?
HH: Nicht den Simmelwitz erzählen, hast du verstanden? Auf keinen Fall den Simmelwitz.
Sven: Aber ich dachte …
HH: Nein!
Sven: Aber …
HH: Nein!
Sven: Ich …
HH: Nein. Nicht den Simmelwitz.
Sven: Okay.
HH: Nicht den Simmelwitz.
Sven: Okay. Ist ja gut.

HH: Auf keinen Fall.
Sven: Okay, okay.
HH: Ich muß dann mal wieder raus, den Wasserstand beobachten.
Sven: Viel Glück. Und Gummistiefel nicht vergessen.
HH: Worauf du einen lassen kannst.
Und dann legte er auf. Schön, daß er wieder da ist, der alte, treue Freund. Aber er ist neuerdings etwas nervös, er hat sich eine Eigentumswohnung in der Veddel gekauft, weil das in Hamburg das kommende Viertel ist usw. usf., und jetzt hat er Angst vor Hochwasser wegen der Klimakatastrophe. So kann auch Immobilienbesitz zum Fluch werden.
Ich hab dann weitergepackt. Und noch etwas Valium dazugelegt. Die Buchmesse regt einen ja schon im Vorfeld immer so auf …

Mit dieser Mütze wird das nichts!

Mittwoch, 15. Oktober 2008
# Bobo und Kindl

9.40 Uhr:
Der Zug nach Frankfurt: so voll wie nie. Zu zweit, zu dritt sitzen die Literaturmenschen, sitzt die geistige Elite des Landes und seiner Hauptstadt übereinander und labt sich am überregionalen Feuilleton. Auch und gerade und überhaupt vor allem in der ersten Klasse, während zum Beispiel Frau Esther von Eichborn, die ja in der zweiten Klasse sitzt, um sich herum genug Platz für Dehn- und Streckübungen in jede Richtung hat. Daran sieht man, wie gut es der Buchbranche geht: Solange alle erster Klasse fahren, muß man nichts fürchten, hier sitzt die Made noch sicher im Speck, und das Kindle-e-Book wird die Geschäfte noch zusätzlich befeuern, da mach ich mir nichts vor, denn Millionen Menschen, die seit langem schon nur noch auf Bildschirme starren und für das klassische Buch für immer verloren sind, werden Kindle kaufen oder jedenfalls Kindl, um meinen gestrigen Kalauer gleich noch einmal aufs neue in den deutschen Sprachgebrauch zu hämmern, denn man kann sich ja gut vorstellen, wie die Marketing- und Markenarchitekturleute von Amazon in Brainstorming-Meetings gesessen und darüber nachgedacht haben, wie sie das verdammte Ding bloß nennen sollen, ohne daß es in irgendeiner bekannten Sprache zu unangenehmen oder jedenfalls unerwünschten Assoziationen kommt. Dieses Problem sollte keiner unterschätzen, DJ Bobo hat es zum Beispiel – nach eigener Aussage! – im ganzen asiatischen Raum nie auf einen grünen Zweig geschafft, weil Bobo dort in vielen Sprachen ein Wort für das weibliche Geschlechtsteil ist, und er, DJ Bobo also, davon nichts wußte, das muß man sich mal vorstellen, Millionen, Milliarden von CDs weniger verkauft wegen einer kleinen sprachlichen Schlamperei.

Nun also: Kindle. An alles haben sie gedacht, nur an das Berliner Bier nicht. Und irgendwo in der Schweiz sitzt DJ Bobo und lacht laut und schäbig, mit dem dissonanten Unterton einer aus bitterer Erfahrungen gespeisten Schadenfreude!

# Das wird teuer!

10.05 Uhr:
Ich versuche noch, den letzten Satz inhaltlich zu verstehen, um ihn dann hemingwaygleich verschlanken zu können, da klingelt das Telefon. Hamburg-Heiner, laut und munter wie einer, der seit Stunden wach und in Ölzeug unterwegs ist, der Deichgraf der Veddel, wie sie ihn zwischen den beiden Elbarmen jetzt schon nennen, hält sich nicht lange mit Begrüßungen auf:
Hamburg-Heiner: Sven, bist du schon im Zug?
Sven: Ja klar.
HH: Schreib nichts drüber.
Sven: Wieso nicht?
HH: Auf keinen Fall irgendwas über Zugfahren schreiben. Kolumnisten, Blogger und andere Halbbegabungen haben striktes Verbot, über Zugfahrten, die Deutsche Bahn, H. Mehdorn oder auch nur die Architektur deutscher Bahnhöfe, insbesondere des Berliner Hauptbahnhofs zu schreiben.
Sven: Oh Mann, zu spät!
HH: Wie, zu spät?!
Sven: Schon gepostet, wie wir Blogger sagen: Zug, erste Klasse, Überfüllung. Gerade rausgegangen.
HH: Verdammt.
Sven: Ist aber das erste Mal überhaupt.
HH: Hast du die Taxifahrt erwähnt?
Sven: Nein.
HH: Nix von wegen was der Taxifahrer zur Buchmesse sagt und so?
Sven: Nee, der hat gar nichts gesagt!
HH: Da hast du aber Glück gehabt. Sonst wäre das teuer geworden. Taxifahrer zitieren ist das Schlimmste überhaupt.
Sven: Vielleicht sollte ich mit dem Bloggen wieder aufhören, das wird mir jetzt irgendwie zu heiß.
HH: Nix, das ist wie mit dem Berliner Hauptbahnhof: Wenn man einmal damit angefangen hat, dann muß man den auch zu Ende bauen, ganz egal, wie schwachsinnig das ist.

Sven: Vielleicht sollte ich die Sache weiterreichen an einen Kollegen, so schwarzerpetermäßig.
HH: Du meinst: So wie das Flaschenteufelchen bei Robert Louis Stevenson, ja? Ich meine, wenn man wg. Buchmesse bloggt, dann sollte man wenigstens ein bißchen auf literarisches Niveau achten!
Sven: Danke. Aber wer könnte es tun? Wer nimmt einem so was ab?
HH: Thomas Brussig!
Sven: Geht nicht, der schreibt gerade die Autobiographie von Udo Lindenberg.
HH: Echt?
Sven: Ja, hab ich gehört, muß dann ja stimmen.
HH: Naja … – immer noch besser als umgekehrt!
Damit legte er auf. Kein Wort des Abschieds. Er ist ein vielbeschäftigter Mann, und wer nicht will deichen, muß weichen!

Deich hinter Zugfenster bei Kassel: Irgendwie sinnlos!

Donnerstag, 16. Oktober 2008
# Ohne Roger ist alles Asche!

1.49 Uhr:
Ja, es war nicht immer einfach. Die lange Zugfahrt, die vielen Leute, wie schnell kommt man da als Blogger, wenn man nicht aufpaßt, ans Klagen, aber klagen will ich nicht, schön war's doch eigentlich, wie der Zug in Frankfurt einrauschte, und Frau Esther, die ja in der zweiten Klasse und also weit hinter uns weilte, aus dem Zug stieg und – Sackbahnhof hin, Sackbahnhof her – bei D auf uns wartete, die wir bei A auf sie warteten, soll man sowas überhaupt erzählen? Ist das köstlich komisch oder einfach nur abgeschmackt banal? Und hat das Wort »köstlich« in Kombination mit »komisch« nicht irgendwie was Ekliges? Ist nicht überhaupt das Wort »köstlich« eines, das mehr oder weniger mal abgeschafft gehört, zusammen mit den genauso muffigen Verwandten »geruhsam«, »gesellig« und »behaglich«? Und sind das nicht ziemlich viele Anführungszeichen auf einmal jetzt? Hätte man das lieber *kursiv* schreiben sollen, wenn nicht gar müssen?
Keine Meta-Ebenen bitte. Am Ende war's so: Rein ins Hotel, allerschlimmste Schwierigkeiten mit dem Internetzugang und dann ab auf die Messe, zwei Interviews, drei, vier, fünf Bier, da redet man sich natürlich um Kopf und Kragen, da mag man gar nicht drüber nachdenken. Danach: beim Inder Buße tun mit extrascharfem Essen. Überhaupt Inder, was da alles wieder hochkommt, die 87er Platte *Try To Be Mensch* zum Beispiel, während deren Aufnahme wir, weil in London, fast immer indisch aßen, gerade so wie bei der *Weißes Papier,* 93, da war das gerade der neue Trend in Berlin. Chicken Curry und guter Sound, das sind Cousins und Cousinen, ich schwör's.
Später schönes Konzert von *Gustav* im Mousonturm und dann in die Hotelbar. Dort: Roger Willemsen nicht da, als Blogger ist man damit ja quasi schon aus dem Geschäft, da hat man ja schon keine Lust mehr, ohne Roger ist alles Asche, und so wäre es auch geblieben, wenn nicht der Kontakt mit dem Internet komplett

und endgültig zusammengebrochen wäre, denn das führte zu einem eineinhalbstündigen 1a-Computersmalltalk mit einem sehr, sehr netten Mann aus Washington D. C., der im Auftrag der Fa. Swisscom versuchte, mir bei meinem Problem zu helfen und mit mir zusammen solidarisch hinabstieg in die Kellergewölbe meines Computerbetriebssystems, wo wir dann über TCP/IP, IP-Adressen, DHCP-Server, Konfigurationen, Ethernet und all das konferierten. Und als das alles nichts brachte, gab er da auf? Nein, das tat er nicht, er beriet sich, während er die Leitung offen ließ, und das ging auf seine Rechnung, mit seinen Kollegen und kam zurück mit einem Feuerwerk neuer Ideen, und am Ende war ich es, der aufgab, der gegen 1.41 Uhr nach einer von Washington vorgeschlagenen längeren Wanderung durch die Hotelgänge mit aufgeklapptem Laptop, aktivierter Air-Port-Karte und versuchsweisem Anklicken des Browsers zurück in sein Zimmer fand, den unglaublich geduldigen, liebenswürdigen Mann um Urlaub bat, um Entlassung aus dem Dienst am WLAN, unter dem nur ungern gegebenen Eingeständnis dringender Müdigkeit. Eine Kapitulation war das, ein Scheitern, eine computertechnische Schattenparkerei quasi, aber mein Gott, in Washington D. C. hatte man sogar dafür Verständnis, obwohl es bei denen gerade mal acht oder sieben Uhr abends war, ganz genau weiß ich das nicht, ich habe ja keinen Internet-Zugang. Weiß die Swisscom eigentlich, was die da für tolle Leute haben?
Wobei: Swisscom? Sind das nicht Schweizer? Was ist da los? Wieso muß da der wackere Mann aus Washington ran? »Wenn es Nacht ist bei Ihnen«, sagte er, »dann machen wir das.« So wandert quasi die Swisscom mit der Sonne immer weiter nach Westen und um die ganze Welt. Sie ist immer da, im Sonnenschein und im Schatten. Wo ist eigentlich Christian Kracht, der muß doch irgendwo sein, dem könnte man jetzt gut den Simmelwitz erzählen, vielleicht *funzt* der bei ihm. Das ist jetzt mal ein Wort, das ich schon immer mal verwenden wollte, nur um mich zu gruseln, so wie man manchmal nicht widerstehen kann, an den beiden Polen einer 9-Volt-Batterie zu lecken!
Ich glaub, ich geh noch mal runter in die Bar, vielleicht ist da irgendwo ein WLAN offen!

Auf diesen Fluren wandelt irgendwo das WLAN!

# Warte mit arte

12.32 Uhr, Halle 3.0:
Eine halbe Stunde zu früh am Stand der Frankfurter Rundschau, schlimm. Und das arte-Team ist da und filmt alles bis ins Nasenloch hinein. Sie nennen es »Ma Vie«, ich nenne es: »Ma trou de nez«. Wenn man in Berlin im Prenzlauer Berg oder in Mitte in einem Café einen Computer aufklappt, ist man ja sofort unsichtbar. Auf diesen Effekt hatte ich jetzt eigentlich auch gehofft, ich dachte, ich setze mich, bis ich dran bin, noch eben in deren Frankfurter-Rundschau-Kabuff und haue diesen Blogeintrag weg, und alle denken, ich bin einer von diesen Mitte-Nerds bzw. denken einfach gar nichts, weil Leute mit aufgeklappten Computern ein Problem anderer Leute sind und daher unsichtbar, aber das funktioniert natürlich nicht, wenn so einer dabei von einem arte-Team gefilmt wird, dann denken die Leute, hier ist mal das richtige Leben, hier schreibt mal ein Schriftsteller live eins von diesen Büchern, die von seinem Leben handeln, das darin besteht, an FR-Ständen wartend herumzulungern und diesen Umstand 1:1 in sein Laptop zu tippen. »Und so ist das!« (Alke Warmers)

Arte-Team bei der Arbeit – die haben gut lachen!

# Schlappe-Seppel im Switzerland

13.45 Uhr
Wo ist Hamburg-Heiner? Warum ruft er nicht an? Holt er zum großen Schlag aus, wegen der Simmelwitzsache gestern nacht? Ich will's nicht hoffen, und wenn, dann könnte er ja vorher mal nachfragen. Ich hab ihn nämlich nicht erzählt. Weil Ch. K. gar nicht da war. Oder wenn, dann habe ich ihn nicht gesehen. Oder wenn doch, dann habe ich mich nicht getraut, ihn anzusprechen. Und wenn doch, dann habe ich mich jedenfalls nicht getraut, den Simmelwitz aufzubringen, so was muß sich doch auch erst mal ergeben, da muß doch auch erstmal die Stimmung reif sein, der Simmelwitz ist ein delikates Ding, das paßt nicht überall hin wie etwa Klein-Fritzchen-Witze oder Leanders Kleine Kalauer.
Jetzt aber Mittagspause. Sitze im Restaurant »Switzerland« (sic!) und profitiere von Frau Esther von Eichborns großzügigem Angebot, mein Essen für mich mitzuholen. Das gibt mir die Gelegenheit, a) diesen völlig sinnlosen Blogeintrag zu schreiben und b) die Flasche *Schlappe-Seppel Special* zu trinken, die mir eine junge Zuschauerin am FR-Stand geschenkt hat. Ich solle das mal probieren, sagte sie. Das Etikett verspricht: »Urig, süffig, echt« und »Seit Jahrhunderten in aller Munde«, und dem ist ja wohl nichts hinzuzufügen, aller Munde, das ist auch mein Mund, gerade jetzt, gerade hier, obwohl es schon schön wäre, die Sache mit HH zu besprechen, ist denn die Hochwasserlage schon wieder so kritisch auf der Veddel?
Von der Frankfurter Rundschau eine schöne, weiße Tasche geschenkt bekommen. Erinnert an die weißen Nappaleder-Winterstiefel der jungen Mädchen in James-Bond-Wintersport-Szenen.
Heute nachmittag noch drei Interviews, dann ins Hotel und frischmachen für die Lesung im Mousonturm. Da kommt dann auch Herr K. aus L. am M. hin, und dann wird sich zeigen, was der Schlappe-Seppel in meinem Mund bewirkt hat, Freunde.
Wenn bloß Hamburg-Heiner mal anriefe. Viele sagen ja auch einfach nur Hamburg, wenn sie von ihm sprechen, so wie die

Könige in den Königsdramen von Shakespeare ja auch oft genug nicht Heinrich, sondern gleich England genannt werden. Ob wohl HH wohl mehr der Richard-III-Typ ist, so von seinem Selbstverständnis her!

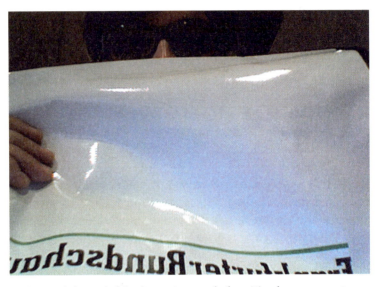

Kein Mädchenstiefel, aber seitenverkehrt: Tasche umsonst!

# Die Blog-Luft wird dünn!

15.30 Uhr
Der Stand von Roof Music und Tacheles Hörverlag, denn die beiden gehören zusammen wie der Wind und das Meer, wie Mick Jagger und Keith Richards, wie Madonna und Guy Ritchie, wie Sacco und Vanzetti, wie Watt und Wattenwurm, wie Cindy und Bert, der Stand von Roof Music und Tacheles Hörverlag ist jedenfalls einer der wichtigsten auf der Buchmesse (knapp hinter dem Stand der ASG). Und auch kulinarisch 1a aufgestellt. Kekse aus dem Delacre-Variationsprogramm, im Hotel am Buffet vertragswidrig geschmierte Roggenbrötchen mit gek. Schinken (und Becel, die Butter war zu hart) und eine Getränkeauswahl, die sich gewaschen hat (Bier, Wasser, O-Saft) sorgen ganztägig für gute Laune, denn »gut essen und trinken hält auch außerhalb des Ruhrgebiets Leib und Seele zusammen« (Bernd K. aus B.). Die Mannschaft ist schön, stark und klug. Die Chefin hält über alle die schützende Hand. Und von der Rückwand lächeln sanft die Porträts von Hape Kerkeling, Heinz Strunk und Roger Willemsen. Auf der rechten Seite: Die Interviewkabine (mit Fenster). Seit drei Jahren wird der Stand von Roof Music und Tacheles regelmäßig zum schönsten Hörbuchverlagsstand aus dem mittleren Ruhrgebiet gewählt. Hier fühlt sich jeder wohl, auch Frau Esther von Eichborn! Ansonsten: Heiner: »Bitte melde dich!« (J. Wontorra)

Roof-Music- und Tacheles-Stand: »Gute Laune, gute Laune!« (Sven Väth)

# Herr K. (aus L. am M.)

19.58 Uhr
Noch zwei Minuten bis zur Lesung im Mousonturm. »Handys aus, ihr Hunde, und dann raus und zack zack«, ruft Herr K. (aus L. am M.), der Impresario, der aus der Hölle kam. Man darf das nicht persönlich nehmen, er war früher Ausbilder bei der GSG 9, bevor er über einen Kalenderverlag (»Deutschland, deine Spähwagen«) ins Literaturgeschäft kam und dort als Lesereisenorganisator (»Ab Oktober greifen wir wieder an«) und freiberuflicher Korrekturleser (»Alle Füllwörter eliminiert!«) Karriere machte. Nur daß er einen immer in der Mehrzahl anspricht (»Was habt ihr da denn schon wieder für einen Mist verzapft, ihr Knalltüten« oder »Ich zähl bis drei, und dann seid ihr alle umgezogen!«), ist etwas gewöhnungsbedürftig. Und daß in diesem Moment Hamburg-Heiner anruft, macht die Sache nicht leichter.
Sven (flüstert): Hamburg, ich kann jetzt nicht!
Hamburg-Heiner: Was ist da los? Ist der Ledernacken da?
Sven (flüstert): Ja. Ich muß jetzt ausmachen.
HH: Okay, nur so viel: Am Willy-Brandt-Platz, wenn du da links vom U-Bahneingang etwa zehn Meter zu den Häusern rübergehst, da ist ein WLAN offen. Ohne Paßwort.
Sven (flüstert): Ich muß jetzt raus, aber das ist lieb von dir.
HH: Hab ich aus erster Hand. Ich kenne eine Studenten-WG, die gehen da auch immer hin.
Sven (flüstert): Ich leg jetzt auf. Schön, von dir zu hören.
Herr K.: Wer jetzt nicht gleich draußen ist, kann am Wochenende hier 'ne Ehrenrunde drehen!
Sven (flüstert): Hamburg, ich hab dich lieb!
HH: Ich weiß, was du meinst! Jetzt geh schon raus, bevor er mit Sachen schmeißt.
Was die wenigsten wissen: Hamburg-Heiner ist der einzige, vor dem Herr K. Angst hat, das ist ein bißchen wie mit der Feuerqualle und der Wasserschildkröte. Nur noch schlimmer.

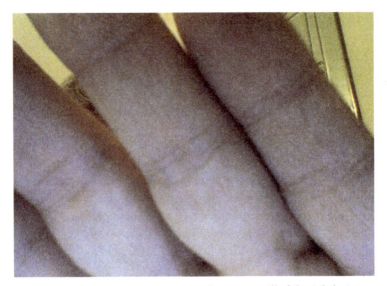

Herr K. (aus L. am M.): »Wenn ich Fotos will, fahr ich bei Rot über die Ampel!«

Freitag, 17. Oktober 2008
# Lohr am Main ist das Tor zum Spessart

1.13 Uhr
Lesung heil überstanden, Hotelbar mit arte-Team, Alkohol. Herr K. (aus L. am M.) beharrt auf folgenden Feststellungen:
1.) Keine Stadt der Welt kann es mit Lohr am Main aufnehmen.
2.) Lohr am Main ist das Tor zum Spessart.
3.) Die Hauptfiguren in den beiden Kafka-Romanen »Das Schloß« (müßte man das jetzt »Schloss« schreiben, wenn man in der neuen Rechtschreibung schriebe? Wie sieht das denn aus?!) und »Der Prozeß« (gleiches Problem!) wurden nach seinem Vorbild geschaffen, »das merkt man schon am Namen!« Traue mich nicht zu widersprechen, solange HH nicht dabei ist.
4.) Die Buchmesse ist »eine verdammte Wattebauschwerferei«, und wenn er, Herr K., da das Sagen hätte, dann sähe das da aber anders aus! Dann würde da eine andere Musik spielen, Kameraden. Das ist jetzt ein guter Moment, um ins Bett zu gehen!

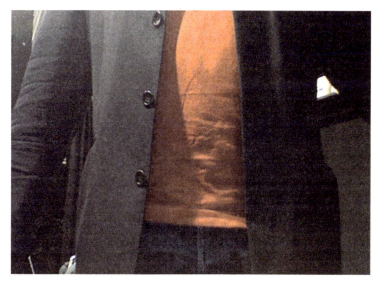

Herr K. am Roof-Stand: Gleich werden andere Saiten aufgezogen!

# Wenn wäre dann

10.00 Uhr:
Mit arte-Team durch den Vordereingang in die Messe, ZVAB-Tüte für G. Grimsen abholen. Danach Interviews und so weiter. Mittagessen. Dann: Der erlösende Anruf:
Hamburg-Heiner: Arno-Schmidt-Stiftung, Kamerad, Arno-Schmidt-Stiftung. Nicht Gesellschaft! Stiftung! Das ist mir jetzt erst aufgefallen, wenn man nicht alles aufs gründlichste kontrolliert!
Sven: Ja, tut mir leid.
HH: Stiftung, Kamerad.
Sven: Aber was viel schlimmer ist: Ich finde sie nicht.
HH: Wie, du findest sie nicht?
Sven: Die ASS, nirgendwo. Weg. Was ist da los?
HH: Die haben dein Blog gelesen und dann war Schluß mit lustig. Die haben gleich eingepackt und sind nach Hause gefahren, ist doch klar.
Sven: So wirkmächtig, Kamerad, so wirkmächtig kann ein Blog nicht sein.
HH: Die Arno-Schmidt-Leute, die sind sensibel, die sind scheu!
Sven: Ich dachte erst, die wären jetzt bei Suhrkamp untergekommen, weil da der DKV irgendeine Arno-Schmidt-Sache rausbringt. Schon wenn man irgendwo Arno Schmidt nur liest, ist man ja schon im Alarm.
HH: DKV, ist das nicht was mit Autos?
Sven: Deutscher Klassiker Verlag.
HH: DKV mit Lastwagen gibt's aber auch.
Sven: Wenn das aber unterschiedliche Geschäftsbereiche sind, dann können auch zwei verschiedene Firmen das gleiche Kürzel benutzen. So wie damals die Bremer Werkzeugmaschinenfirma Klein, Schanzlin und Becker, die hatte gegen den Kommunistischen Studentenbund geklagt und verloren.
HH: Jetzt wird dieses Blog aber wirklich spannend, jetzt werden die wirklich brennenden Themen verhackstückt, jetzt stellt sich ein Gefühl von Relevanz ein, das jeder Beschreibung spottet. Wo ist eigentlich Herr K.?

Sven: Der ist bei Suhrkamp und sorgt für Ordnung.
HH: Wurde auch Zeit!
Sven: Was mir aufgefallen ist: Der Trend zur spekulativen Geschichtsumschreibung ist unaufhaltsam. Und D. Dath rezensiert das Buch von Christian Kracht.
HH: Stark. Wenn das der Trend ist, dann sollte man sich da schnell dranhängen.
Sven: Ja, das Spekulative, das bringt's.
HH: So Sachen mit *wenn wäre dann*!
Sven: Wenn der Stand der Arno-Schmidt-Stiftung wie der Stand von Goldmann wäre, dann würden dort leichtgeschürzte Hostessen Wanderstöcke als Chartpowergimmicks verteilen.
HH: Wenn der Stand der Arno-Schmidt-Stiftung wie der Stand von Dr. Oetker wäre, dann gäbe es dort Erbsensuppe und Korn für alle.
Sven: Wenn der Stand der Arno-Schmidt-Stiftung wie der Stand von S. Fischer wäre, dann wäre dort Roger Willemsen.
HH: Ich muß dann mal.
Sven: Ich auch!
Und so geht ein Tag ins Land: Mit dem guten Gefühl, etwas Gutes zu tun. Oder es jedenfalls versucht zu haben. Oder jedenfalls dabei gewesen zu sein, als es andere versuchten. Oder einen getroffen zu haben, der dabei war.
Was will man mehr?

SPIEGEL-Stand von links unten: Gleich kommt Herr K. und räumt auf!

# Wir sehen uns in Klagenfurt!

18.39 Uhr
Im Hotel, das fällt mir schon länger auf, haben sie in kleinen Vitrinen und hinter der Bar und was weiß ich wo überall die Bücher, die die aktuellen Gäste geschrieben haben, aufgestellt. Nur meins nicht. Auch keins von den alten, das wäre ja auch noch möglich gewesen, nein, auch das nicht. Nirgendwo. Die Bücher der anderen: Ja! Mein Buch: Nein!
Tja ...
Hm ...
Ja nun ...
Seien wir ehrlich: Ich will es auch nicht. Ich bin ja auch dagegen. Mein Buch wurde nie freigegeben dafür, daß ein Hotel damit für sich wirbt, ich meine, das wäre ja auch schon rein rechtlich ein Skandal, wenn die mein Buch benützten, um sich damit zu brüsten, das wäre ja wie dieses Dunkelrestaurant in Berlin, wo man im Stockdunklen sitzt beim Essen weil was weiß ich wofür das gut ist, die haben mal damit geworben, wer schon alles bei ihnen zum Essen war, Bruce Willis und Daniel Brühl und Heino Ferch, also letzterer ja quasi der deutsche Bruce Willis, und da habe ich schon immer gedacht: Wenn das mal mit denen abgesprochen ist! Wenn das mal kein unautorisierter, sitten- und urheberrechtswidriger Mißbrauch von Namen ist!
Und mit den Büchern und dem Hotel ist das nicht anders, man möchte ja auch anonym bleiben, wer will schon, daß das an die große Glocke gehängt wird, daß man da wohnt, ehrlich mal. Ich bin dagegen. Da bitte ich, mich von der ganz langen Longlist schon mal prophylaktisch für die nächsten Jahre zu streichen. Das wird nichts mehr, Freunde! Ohne mich.
Danke, gut.
Wir sehen uns in Klagenfurt!

Hoteldeko (nachgestellt): Ich bin dagegen!

Samstag, 18. Oktober 2008
# Wo sich Wagenbach und Rotbuch gute Nacht sagen!

4.13 Uhr:
Wer nicht auf der Party der unabhängigen Kleinverlage war, hat nicht gelebt. Junge Menschen tanzen zu Seal, und Wagenbach und Rotbuch geben sich über Treppengeländer hinweg die Hand. »Ist das nicht der Mann von Heidi Klum?« fragt Jörg Sundermeier, und das sagt ja wohl alles über den Stellenwert des Musikers in der heutigen Zeit. Oder jedenfalls beim Verbrecherverlag.

Dieser Mann war nicht auf der Party der unabhängigen Kleinverlage und lebt trotzdem. Was ist da los?

# Onkel + Onkel

10.36 Uhr
Am Stand des Verlags Onkel + Onkel (Halle 4.1, G135): Hier wird das »Kalendarium toter Musiker« herausgegeben. Da möchte man dann lieber doch nicht drinstehen. Durchschnittliches Sterbealter: 50,62 Jahre. Dann hätte man nicht mehr lange. Schlechtes Zeichen: Wenn man von sich selbst nur noch als »man« spricht.
Schuld: Die Party der unabhängigen Kleinverlage.
Aber nette Leute!

Onkel + Onkel: Der Mann mit dem Bart ist nicht Paulo Coelho!

# Der Yogi und der Kommissar

13.24 Uhr:
Am Haupteingang gab mir ein netter Mann heute morgen einen Probebeutel YogiTea, das zahlt sich jetzt aus. Bernd K. aus B. (»Gerade bei uns im Ruhrgebiet ist die Yogi-Dichte höher als irgendwo anders in Deutschland«) gießt ihn mir auf und der Segen ist zweifach: Der Tee erleuchtet, und den gebrauchten Teebeutel kann man sich auf die Augen legen. Das tut höllisch weh und macht demütig. Einziges Problem: Gleich kommt das Blaue Sofa. Naja, vielleicht haben die Mitleid mit mir, weil sie denken, daß ich geweint habe. Auch Männer weinen. Tränen lügen nicht. Mit den Clowns kamen die Tränen. Eins ist mal klar: Den Simmel, den hätten sie jetzt alle gerne hier! Ob ich Bernd den Witz erzählen sollte?

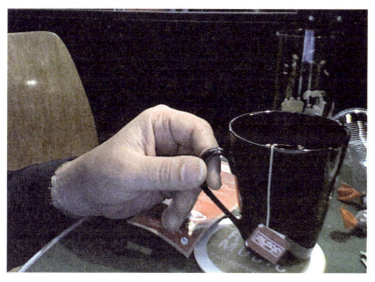

Yogi-Tee auf der Buchmesse: Erleuchtung kommt von innen!

# Die große Stunde des ZVAB

14.20 Uhr
Die Pizza im Restaurant Piazza ist besser als die Lasagne im Restaurant Switzerland. Das nur als Tip für alle, die jetzt in Halle 4.1 Hunger haben.
Ansonsten: Es ist Publikumstag. Ein Gefühl von Grüner Woche oder Internationaler Funkausstellung stellt sich ein. Und alle haben ZVAB-Tüten über der Schulter, darin ergatterte Bücher, die via Tüte gleich ins Moderne Antiquariat und von dort ins ZVAB wandern. Faszinierend ist das und erinnert ein bißchen an die Nahrungsproduktion der Blattschneiderameisen.

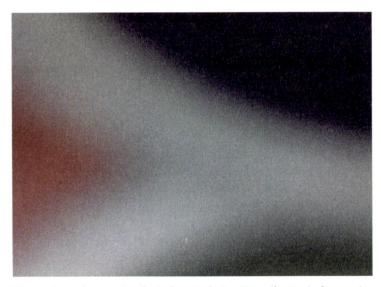

Blattschneiderameise bei der Arbeit (Detail): Bei denen ist immer Grüne Woche!

18. Oktober 2008
# Dann geh halt näher ran!

15.02 Uhr
Die Rolltreppen in Halle 4 sind stehengeblieben. Das ist ein guter Moment, mal bei Hamburg-Heiner anzurufen.
Sven: Ich hab die ASS gefunden.
Hamburg-Heiner: Acethylsalicylsäure?
Sven: Nicht albern werden! Und DKV hat überhaupt nichts mit LKWs zu tun. Was du gemeint hast, ist DKW. DKV ist Deutsche Krankenversicherung.
HH: Was soll das, wirst du von denen geschmiert? Ist dieses Blog korrupt?
Sven: Nein. Jedenfalls noch nicht. Angebote können aber am Roof-Music-Tacheles-Stand abgegeben werden, in verschlossenen Umschlägen, Parole: Trixi. Wo sind eigentlich die Grether-Schwestern?
HH: Die sind hier und helfen bei den Sandsäcken.
Sven: Gottseidank. A propos Grether-Schwestern und was ich eigentlich erzählen wollte: Ich habe die Arno-Schmidt-Stiftung gefunden. Die sind tatsächlich bei Suhrkamp eingebaut. Gleich neben dem DKV, das hatte ich nur nicht richtig erkannt, weil da oben eben nicht Arno-Schmidt-Stiftung, sondern nur Arno Schmidt steht, und Suhrkamp hat so weiße, von hinten beleuchtete Plastikblenden, die machen so viel Gegenlicht, daß man von weitem kaum was erkennen kann.
HH: Dann geh halt näher ran.
Sven: Trau mich nicht.
HH: Sei nicht albern: Wer bei Eichborn ist, hat vor nichts Angst.
Sven: Ich hab ein Bild gemacht. Ist aber nicht viel drauf zu erkennen.
HH: Macht nichts, die gute Absicht zählt.
Sven: Noch ein Interview, und dann fahre ich nach Hause.
HH: Spinnst du? Du hast doch Verantwortung, wer bloggt denn weiter, wenn du nach Hause fährst.

Sven: Mal ehrlich, Heiner: So was wie das hier, das kann ich auch von zu Hause.
HH: Na dann ...
Und dann sprangen die Rolltreppen wieder an. Irgendwie geht es halt immer weiter.

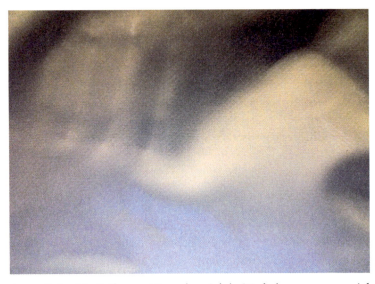

Arno-Schmidt-Stiftungs-Unterbereich bei Suhrkamp: »... so viel Gegenlicht ...«

# Schau heimwärts, Engel!

17.31 Uhr
Heimfahrt: Habe neulich mit Malcolm I. aus L. darüber gesprochen: Die Landschaft um Kassel herum war das Vorbild für das Teletubby-Land, daran kann kein Zweifel sein. Mußte gleich aus dem ICE ein Foto machen, das durch mehrfache Spiegelebenen und überhaupt einen beeindruckenden Experimentalfotografiecharakter besticht. Der Beweiswert für meine oben gemachte These war allerdings gleich null. Hatte dasselbe neulich schon mit dem arte-Team, als ich prophezeite, daß auf dem Weg nach Bremen die Landschaft immer grüner werden würde, was sie dann aber so was von klar und deutlich nicht tat, daß es schon wieder gut war.

Die Welt bei Kassel: Experimentalfotografie, die teuer wird!

# Taschenkontrolle und Ende!

19.44 Uhr

Drei Tage Buchmesse, da sammelt sich einiges in den Jackentaschen:

linke äußere Tasche:
1 Starbucks-Zuckertütchen
1 Flugblatt der Initiative ProBuch München et al., Überschrift: »Von Thunfischdosen und aussterbenden Buchhändlern«
1 Evian Gesichtsspray aus dem Hotel
1 Abholzettel der DHL (Parole: Trixi)
1 Bar-Quittung, Hotelbar, 9,00 Euro
1 Visitenkarte von DRS 1
1 leerer Streifen Emser Pastillen mit Menthol
1 Kronenkorken
1 Zehn-Cent-Münze

linke innere Tasche:
1 Hotel-Rechnung über die Nebenkosten (Minibar, Frühstück, Room-Service, Bar usw.)
1 »Ablaufplan Wien 1. Oktober«, zweiseitig
1 »Ablaufplan Frankfurter Buchmesse«, dreiseitig
1 Büchlein, G. Recke, »& Frühstück in Berlin«

rechte äußere Tasche:
1 Streifen Emser Pastillen mit Menthol, fast leer
1 Packung Kaugummi
1 Konzertticket: Gustav und Soap&Skin, Mousonturm, 15.10.
1 Bordkarte: Vie – TXL, 02OCT
1 Bob-der-Baumeister-Spielzeughandy
1 Visitenkarte von »Deutschlands erstem StandUp-Reportage-Format«
1 Kugelschreiber von Pietät Bestattungen Goebel & Hansen, Nauen

rechte innere Tasche:
1 Bahnticket, Frankfurt – Berlin
1 Handy

Hätte schlimmer kommen können …

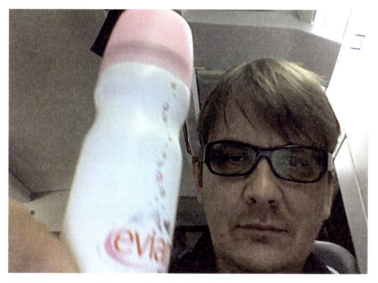

Gesichtsspray: Aber vorher Brille abnehmen!

# V
# Nashville-Blog

element-of-crime.de

14.5.2009 bis 25.5.2009

Donnerstag, 14. Mai 2009
# Testtext

Dies ist ein Testtext. Und unten kommt gleich das Testbild. Oder kommt das dann obendrüber? Man wird sehen!

Donnerstag, 14. Mai 2009
# Test #2, wo ist das Bild von Huchting?

Hm, das wird jetzt schwer. Das Bild von Huchting schafft's irgendwie nicht. Wer aber dranbleibt: Ich!

Ein Bild von Bremen-Huchting. 1a fotografiert von Cathleen Grimsen. Koloriert auch.

Hat mit Nashville nicht viel zu tun, außer dies: der Song »Delmenhorst« von der Mittelpunkt der Welt erwähnt diesen interessanten Stadtteil am südlichen Rand des kleinsten Bundeslands. Und auch »Delmenhorst« wurde damals in Nashville gemischt. Faszinierend, wie alles mit allem zusammenhängt ...

Donnerstag, 14. Mai 2009

# Test #3 – The Endless Stream of Laber

Denn das ist ja das Schönste an diesen Testtexten oder Texttesten, das man sich bei ihnen, i. e. denen überhaupt noch nicht an irgendwas halten muß, kein Wort über Nashville, Flugzeug, Reisen usw. verlieren muß, man statt dessen einfach herum- und draufloslabern bzw. -tippen kann, daß es nur so scheppert. Und die Bilder können ganz und gar auf gar nichts verweisen, sie müssen nicht einmal irgendwas zeigen, nur sein müssen sie, stark.

Ein schiefes Foto vom Kölner Dom. Aus dem Hotel Hopper St. Antonius fotografiert. Wer braucht denn so was? Keiner? Eben!

Montag, 18. Mai 2009

# Der Reiseneurotiker ist strukturell ein armer Willi

Montag, 6.02 Uhr, Berlin
Muß morgen ganz früh raus. Wie oft habe ich den Satz gestern gesagt? Wer hat sich diesen unendlich langweiligen Stuß von einem Satz alles anhören müssen? Muß morgen ganz früh raus. Um dann viel früher aufzustehen, als nötig. Der Reiseneurotiker ist strukturell ein armer Willi und kennt keine Scham.
Alle alten Restaurantquittungen aus dem Portemonnaie entfernt. Gehe jetzt ans Synchronisieren aller Computer, Telefone und Einkaufszettel. Songtexte, Studioadressen und der ganze andere Datenmüll werden ausgedruckt, falls das alles mal zusammenbricht wegen verspätetem Millenniumsbug oder Conficker-Virus oder was weiß ich denn. Dem Reiseneurotiker ist ja auch nichts zu blöd. Schnell noch auf dem Globus nachgeguckt, wo Nashville liegt. Falls der Pilot fragt. Bei Cincinnati dann so schräg links abbiegen, werde ich lässig sagen, und dann schon mal mit dem Sinkflug anfangen.
Ist ein kleiner Globus. Wieso ist da Nashville drauf, aber Memphis nicht?
Das geht ja gut los!

Nashville drauf, Memphis nicht. Wenn das der King wüßte!

# Das geht ja gut los

Montag, 9.10 Uhr, Flughafen Tegel
Kaum sind wir am Flughafen, schon lädt uns Richard Pappik, der ja nicht nur wie ein italienischer Restaurantbesitzer aussieht, sondern in Wirklichkeit auch einer ist (Richard Pappik ist nur ein Künstlername, eigentlich heißt er Ricardo Sprezzatura da Montecassino), in seine kleine »Cantina Mortale«, wie er sie nennt, an bzw. in bzw. hinter Gate 5 ein. High Five (man beachte das Wortspiel!) mit den Angestellten Cremona und Fausto jenseits der Sicherheitskontrolle, und dann das ganze Programm: Focaccia, Panino, Spremuta, Cappuccino, außerdem Espresso, Pizza und »una piccola specialità dalla Casa Pappik«, wie Fausto (alias Marek) es nennt: sauer eingelegte Fischstückchen mit Gurke, gerollt. Richard oder Ricci, manchmal auch Ryszard, wie sie ihn hier nennen, hat seine ganzen Ersparnisse in dieses gastronomische Unternehmen gesteckt, außerdem noch die von 200 Verwandten, die rund um die Welt verstreut sind und sich einmal im Jahr zu einer Aktionärsversammlung in Gdingen treffen wie früher die Beck's-Familie in Bremen. Cremona (Elżbieta) verteilt noch kleine Fläschchen mit Campari, Averna und Danziger Goldwasser, bevor es auch schon an Bord geht. Jakob und ich sind uns einig: Richard (erst seit 1986 dabei) hat sich seinen Platz in der Band redlich verdient!

Ein Padrone und seine treuen Angestellten.
Abends dürfen sie kurz mal raus aus Gate 5.

# München doppelt so gefährlich!

Montag, 12.30 Uhr, Flugzeug
Kurz hinter, aber auch ein ganzes Stück über Irland, Flughöhe: 10.900 Meter. Man denkt, das ist viel, ist aber im Verhältnis zum Erdumfang bzw. dann auch zum Erddurchmesser (= Umfang/$\pi$) nur ein Pups bzw. zu letzterem ein Tausendstel. Und das sind genau die Quatschkopfüberlegungen, die man von einem Reiseblog erwartet. Und wenn die Erde ein Apfel wär, wären wir gerade mal einen Zehntelmillimeter davon entfernt. Das Flugzeug dann aber auch nur so groß wie ein Schweinegrippenvirus. Jakob hat gesagt, in Nashville sei der 1. Fall von Schweinegrippe aufgetreten. Richard gab zu bedenken, München (er sagte natürlich: *Monaco*) sei da aber gefährlicher (molto più pericoloso), da gebe es schon zwei.
Da bin ich aber froh, daß Roger nicht der Harold Faltermeyer ist!

Kurz hinter Irland: Schweinegrippe ade!

# Cinéastes au dessus des nuages

Montag, 16.20 Uhr
Das Filmprogramm ist vielfältig, die Geschmäcker sind verschieden: Jakob: Liebe ist kälter als der Tod und Une femme est une femme, Richard Pappik: La Dolce Vita und Drei Farben: blau, Sven: Sieben Zwerge II: Der Wald ist nicht genug (2x).

Das Getränk zum film noir. Kann auch zur Bestimmung des Neigungswinkels eingesetzt werden.

# Gut, daß Jakob dabei ist

Montag, 17.57 Uhr
Die Sache zieht sich hin. Die Uhrzeit stimmt auch nicht mehr. Hier wird im Schnitt alle 90 Minuten eine Zeitzone überquert, da kommt man durcheinander. Würde mich gern mit Jakob darüber unterhalten, aber der muß sich konzentrieren, »daß das Ding nicht auf den letzten Drücker noch abschmiert«.

Durchhalten, Jakob!

# Die Continental legt den Turbo ein

Montag, 18.03 Uhr
Turbulenzen. Muß mich auch konzentrieren. Überhaupt alle. Nur Richard Pappik schaut lieber Kieslowski-Filme im Original. Diese Italiener!

Für R. Pappik ist schon Licht am Ende des Tunnels!

# Am Funkturm brennt noch Licht

Montag, 12.30 Uhr Ostküstenzeit
Wir fliegen seit 20 Minuten auf 2000 Meter Höhe. Alle sind kreidebleich, weil das die Wolkenhöhe ist und es die ganze Zeit schaukelt wie früher im Luftkorridor nach Westberlin. Jakob sagt, jetzt könne sich auch mal ein anderer kümmern, und schläft ein. Das ist der Geist einer Stadt, die sich nicht unterkriegen läßt.

Perfekter traumloser Schlaf eines Westberliners
auf 2000 Meter Höhe!

# Neuer Kontinent, neues Glück

Montag, 12.50 Uhr
In Newark angekommen. Die Nerven sind etwas dünn.

Der Herr links bedankt sich beim Herrn rechts
für die schönen gemeinsamen Jahre.

# Für eine Handvoll Dollars

Montag, 13.10 Uhr
Erste Konsumationen auf amerikanischem Boden. Jakob: Hotdog. Sven: Erdbeereis. Richard: Caffè Macchiato, Grappa, Amaretto, Spumante, Krakauer. Die Lage beruhigt sich.

Essensfotografie soll in diesem Blog eine große Rolle spielen.

# Zu dritt in Exit Row!

Montag, 16.30 Uhr
Auf dem Weiterflug nach Nashville sitzen wir am Notausgang.
Steward (auf englisch): Wenn das hier zum Zwischenfall kommt, verlaß ich mich auf euch, Leute.
Sven: Logo.
Steward: Dann müßt ihr mir helfen.
Richard: Allet klärchen.
Steward: Lest das mal schön durch.
Jakob: Aber immer.
Tennessee heißt nicht umsonst »The Volunteer State«.

Notausgangfenster. Wenn der Zwischenfall kommt, muß das weg!

# Enttäuschung und Entspannung haben sich lieb!

Montag, 18.00 Uhr (Nashville-Zeit 17.00 Uhr)
Nashville. Ohne Zwischenfall gelandet. Jakob und Richard, die auf den äußeren Positionen sitzen, nehmen die Hände von der Notentriegelung. Ich falte die Schwimmweste wieder zusammen.

Wenn der Zwischenfall gekommen wäre, hätte er es mit diesem Mann aufnehmen müssen!

# Remember The Alamo!

Montag, 18.10 Uhr
Der Mann am Alamo-Autovermietungsschalter gibt uns die Schlüssel für einen cremefarbenen Ford Taurus. Für 77 Dollar die Woche könnten wir ein größeres Auto mit hinten mehr Beinfreiheit haben, meint er. Daraufhin Jakob: »Wenn meine Beine die Freiheit kriegen, laufen sie ohne mich weg, und was dann?« Gut gegeben, Herr Friderichs.

Mietauto: Beinfreiheit Fehlanzeige!

# Brain Drain im Twitterland

Montag, 19.15 Uhr
Hotel.

20.10 Uhr
Wir treffen Roger und Dave im Studio. Die sind da schon seit Freitag zugange. Sehr beeindruckend. Seit wir abgeflogen sind, sind 22 Stunden vergangen. Zeit, mal was essen zu gehen.

21.00 Uhr
Im Restaurant Yellow Porch. Das ist überhaupt kein Blog, was ich hier mache, das sieht eher so nach Twitter aus.

21.05 Uhr
Die Karte kommt.

21.07 Uhr
Ich kriege ein Bier.

21.09 Uhr
Noch eins.

21.11 Uhr
Dave sagt, wer twittert, »hat keinen Brain«. Was meint er damit?

21.25 Uhr
Happahappa.

22.13 Uhr
Nachtinachti.

Nashville bei Nacht: Die müssen jetzt mal kurz ohne uns klarkommen!

Dienstag, 19. Mai 2009
# Versuch über den Jetlag mit Abschweifung ins Dies und Das unter besonderer Berücksichtigung des Umstandes, daß letzteres beim Schreiben dieser Überschrift noch gar nicht feststeht (aleatorisches Bloggen)

Dienstag, 1.20 Uhr, Nashville
Das Problem beim Reden über den Jetlag ist ja nicht nur, daß es kein deutsches Wort dafür gibt, was dem über den Jetlag Redenden sogleich die Aura des mit polyglottem Herrenreitertum protzenden Vollidioten gibt, der ein nur einer kleinen, privilegierten Minderheit entstehendes, absolutes Luxusproblem unter Umgehung aller Regeln hanseatischer Zurückhaltung in die virtuelle Luft des Internets pustet und damit nur enthüllt, daß er ein wichtigtuerischer Knallkopf ist, der auch bereit wäre, vor Hungernden über die Probleme des Vollegefühls und vor Dürstenden über die Probleme beim San-Pellegrino-Bestellen (»ist manchmal zu warm, manchmal zu kalt«) zu referieren. Immer mal vorausgesetzt, man hält das Reisen an sich für etwas Erstrebenswertes, was ja die meisten Leute komischerweise tun.
Das ist es nicht nur. Aber auch. Dinge, für die es kein richtiges deutsches Wort gibt (Sprezzatura, Groove, je ne sais pas quoi) haben in einem deutschsprachigen Blog (Internettagebuch) nichts zu suchen. Das gilt nicht für sog. Fremdwörter, denn die sind auch deutsche Wörter. Das gilt auch nicht für fremdsprachige Wörter, sofern es dafür irgendwie ein deutsches Wort geben *könnte*. Das gilt nur für Wörter, die man auf auslandserfahrungsinsiderhafte Weise erklären müßte, was immer und überall den Erklärenden sogleich und für alle Zeiten zum Arsch mit Ohren macht.
Was auch noch ein Problem beim Reden über den Jetlag ist, ist die ungeheure Langeweile, die einen sogleich auf das lähmend-

ste überfällt, wenn davon die Rede ist. Ja, ja, da ist man aufgewacht, denn für den Körper ist es eigentlich schon acht Uhr morgens, aber hier in XYZ eben erst ein Uhr nachts, ja, und was soll man denn jetzt machen, wie wiegt man sich zurück in den Schlaf, schnarch, schnarch, schon der Gedanke daran birgt die Lösung des Problems. Und wenn das nicht hilft: Französische Strukturalisten lesen. Oder diesen Text hier!

Sprezzatura: So sieht sie aus!

# Jakob F.: Ein Mann will nach oben!

Dienstag, 3.34 Uhr
Das Hotel ist nichts für Leute mit Höhenangst. Jedenfalls nicht, wenn man im 22. Stock wohnt, weil Herr F. »schön weit oben« wohnen wollte und die Welt davon ausgeht, daß Leute, die in einer Band zusammen Musik machen, auch Wand an Wand wohnen wollen. Was auch der Fall ist. Musiker und ihre Crews neigen aus Gewohnheit dazu, unterwegs in der Nähe voneinander zu bleiben, sich um ihre gemeinsame Aufgabe herum zusammenzuklumpen, wie es die Wassermoleküle nach Ansicht der an die Homöopathie auch in ihrer esoterischen Form (Bachblüten usw.) glaubenden Menschen dauerhaft um und in der Nähe von und auch noch nach vergangenem Kontakt mit der Wirksubstanz tun, um auf diese Weise deren Eigenschaften auf ungefährliche Weise in den menschlichen Organismus einzubringen und dort für allerlei der Heilung dienliche Reaktionen zu sorgen.
Hm ...
Tja, wie auch immer: Im Hotel Sheraton Downtown Nashville sieht man jedenfalls manchmal drei Männer mittleren Alters in nicht zu großem Abstand voneinander, aber jedenfalls immer ganz dicht an der Wand lang die um das Atrium sich wickelnden Wandelgänge bis zu ihren Zimmern hin überwinden. Das Foto zeigt, welchen Anblick sie sich ersparen wollen.

Blick hinunter auf die Rezeption. Die gelben Röhren sind die transparenten Fahrstühle. Vielen Dank auch!

# Professioneller Neid

Dienstag, 6.22 Uhr
Über dem Schreibtisch hängt der s/w-Fotodruck einer Allee in flacher, norddeutsch anmutender Landschaft. Muß an ein Lied denken, das ich mal in Radio Teddy gehört habe:
»Allee, Allee, Allee, Allee, Allee
Eine Straße, viele Bäume, so was nennt man dann Allee«
Wer immer das geschrieben hat, hat's gut!
Ich glaub, ich leg mich nochmal hin!

Eine Straße, viele Bäume!

## Die Suche nach dem absoluten Nichts ähnelt nur zu oft der Suche nach einem verlorenen Geldstück!

Dienstag, 11.55 Uhr
Auffällig beim Abhören der bisherigen Mixe im Studio ist ja, daß man dabei meistens auf den Boden schaut. Als ob es da unten nichts gäbe, das einen ablenken könnte, als sei der Blick nach unten die einzige Möglichkeit, der jedem Studio-Kontrollraum eigenen Überdosis Technikkram zu entgehen, als habe sich dort irgendwo das Mantra versteckt, das einen ins absolute Nichts der Musikerfahrung trägt.
Vielleicht will man aber auch bloß wissen, was die anderen gerade so für Schuhe tragen.

Technikkram, kleiner Ausschnitt!

# Dinge, um die es eigentlich gar nicht geht:
# #1 – Schuhe!

Dienstag, 11.56 Uhr
Hier die Auswahl (anonymisiert, beschränkt auf die Band):

Modell 1: Wildleder, rehbraun, zeitlos elegant, Haltungsnote 1. Bravo!

Modell 2: Skaterschuh mit Segelsportanmutung, exzentrische Sockenwahl – hier wird mehr gewagt als gewonnen!

Modell 3: Die rustikale Variante: form follows function! Besser geht's nicht.

Modell 4: Der Klassiker: Italienischer Halbschuh, limitierte Auflage aus der Serie »JP II« von Calzatura Riccione, Milano. Nicht zu toppen!

# Ein seltenes Bild

Dienstag, 15.14
Michael ist Fotograf für den deutschen Rolling Stone. Außerdem ist er kamerascheu wie alle Fotografen. Er wird schon wissen, warum. Gleich wird er uns fotografieren, wie wir mitten auf der Straße stehen. Das muß so sein.

Ein Mann schreitet zur Tat!

Mittwoch, 20. Mai 2009

# Wo die Züge heulen und die Häuser Ohren haben

Mittwoch, 4.30 Uhr
Draußen heulen die Züge. Es ist tatsächlich wahr: Sie singen ihr Lied in langen, klagenden, sonoren Tönen. Sie sind kilometerlang und fahren sehr langsam, mit vielleicht 5 Stundenkilometern, durch die Gegend. In Nashville werden sie zusammengekoppelt. Was vielleicht jetzt ein guter Anlaß wäre, mal einige Informationen über Nashville in die Welt zu bringen:
Nashville ist eine Stadt mitten im US-Bundesstaat Tennessee; sie liegt am linken Ufer des Cumberland River, über den einige gewagte Brückenkonstruktionen hinwegführen.
Die Hauptwirtschaftszweige von Nashville, in dessen Großraum etwa 1 Million Menschen leben, sind: Kliniken, Universitäten und Verlage für Bibeln und andere religiöse Schriften. Außerdem ist Nashville ein wichtiger Eisenbahnknotenpunkt. In der Innenstadt nahe dem Fluß gibt es einige Klimbimläden und schlechte Bars für Touristen.
Das Angebot an Gotteshäusern ist reichhaltig, und es ist für jeden etwas dabei!
Ebenfalls wichtig für das wirtschaftliche Gedeihen von Nashville sind die Straßen, die so krumm und gewunden und ineinander verschränkt und verknotet sind, so dermaßen und geradezu anthroposophenhaft den rechten Winkel verachtend, daß der Weg zu einem Luftlinie 500 Meter entfernten Ort mit dem Auto eine Sache von Tagen werden kann. Immer mal vorausgesetzt, die Vorräte an Benzin, Wasser und Essen reichen aus. Was sie in der Regel nicht tun. Deshalb gibt es überall an den Straßen Restaurants für Hackfleischgerichte und gefüllte Fladenbrote, in denen man sehr freundlich und schnell bedient wird, außerdem Drive-In-Geldautomaten, Tankstellen und Autowäschefirmen, die sich der Betreuung des anonymen, suchenden Autofahrers verschrieben haben, der zu dieser Stadt gehört wie Elvis Presley

zu Memphis, das nicht weit von hier, nur einige hundert Kilometer westlich, am Mississippi liegt.

Beherrscht wird das Stadtbild von einem Gebäude der Telefongesellschaft AT&T, das wegen der beiden stilisierten Antennen links und rechts auch »Batman Building« genannt wird. Vor zwei Jahren noch gehörte es der Telefongesellschaft »Southern Bell«, was der eindeutig poetischere Firmenname war! Aber »Polydor« war ja auch schöner als »Universal Domestic Division«. Manchmal muß das Schöne dem nicht ganz so Schönen weichen, da muß man dann durch!

Straßenplan von Nashville: Manche drucken ihn sich auch aufs Hemd, aber das bringt nicht viel!

Ein Feuerwehrauto auf dem Weg zum Einsatz: Seit zwei Stunden fast da!

Batman-Building: Von weiter links könnte man gut erkennen, warum es so heißt!

# Figlmüller rules okay!

Mittwoch, 11.54 Uhr
Mark, der Assistent der Blackbird-Studios, zeigt Richard den Schlagzeugraum, d. h. einen Raum, in dem so viele Schlagzeuge gebrauchsfertig herumstehen, daß man sie in einem Leben nicht alle benutzen kann. Als Mark sagt, Richard könne sich irgendwas aussuchen, entscheidet er sich für das größte Ride-Becken der Welt, weil ihn das an die Schnitzel beim Figlmüller in Wien erinnert. Manchmal, sagt er, trauert er schon ein bißchen der Zeit nach, als Norditalien (und, wie er nicht vergißt hinzuzufügen, der »schönere Teil Polens«) noch zu Österreich gehörte, das sei eine schöne Zeit gewesen, er noch jung und Österreich noch knackig. Ich muß das demnächst mal nachrechnen, das eröffnet irgendwie einen ganz neuen Blick auf den Mann mit der schwarzen Weste!

Das größte Ride-Becken der Welt. Das muß jetzt nur noch paniert werden!

# Schuhe #2 – la tendenza fatale ai piedi nudi

Mittwoch, 16.31 Uhr
Im Schuhbereich kommt es zu erstaunlichen Entwicklungen. Hier der Reihe nach:

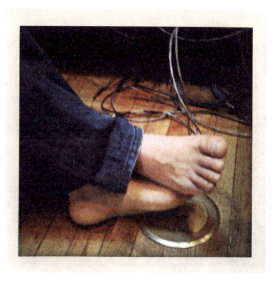

Modell 1: From hero to zero (Sarah Connor)! Wo eben noch das rehbraune Wildleder den Spann umschmeichelte, gibt es jetzt nackte Tatsachen. Tennessee ist nicht das Auenland, meine Herren!

Modell 2: Kaum öffentlich angeprangert, schon aus dem Verkehr gezogen: die lilafarbene Socke. Ist das ein Beispiel für die gesellschaftliche Relevanz des Bloggens oder einfach nur feiger Konformismus?

Modell 3: Hier wird am Bewährten festgehalten. Zu Recht. Auf lange Sicht gewinnt immer das Rustikale, vgl. Scorpions, F. Müntefering, D. Diderichsen.

Modell 4: Jetzt wird's katholisch: Modell Wojtyla aus der Collezione Vaticana von Gianfranco Ferre.

Donnerstag, 21. Mai 2009

# Was machen die da eigentlich?

Donnerstag, 2.25 Uhr
Das Telefon klingelt. Gut, daß ich schon wach bin. Es ist Hamburg-Heiner.
Sven: Hamburg, alter Freund. Gut, daß ich schon wach bin.
Hamburg-Heiner: Glaub bloß nicht, daß ich mich mit dir über Jetlag unterhalte.
Sven: Auf keinen Fall. Wo warst du denn die ganze Zeit?
HH: Unten in der Lobby.
Sven: Komm doch rauf! Ich mach dir einen Starbucks Decaf Fair Trade in dem kleinen Kaffeeautomaten hier, die haben hier so Kaffeeautomaten, das trinke ich immer um diese Zeit.
HH: Habe ich keine Zeit zu. Sitze hier am Bildschirm bei der Blogkontrolle.
Sven: Haben die da unten Bildschirme?
HH: Ja. 24 Stunden 17 Dollar plus Steuern. Deshalb konnte ich auch die Blogkontrolle nicht früher machen, mußte warten, bis sich das lohnt.
Sven: So steht das Ökonomische dem Zwischenmenschlichen immer und immer wieder im Wege, wird gleichsam deutlich, daß die Zwänge der maximalen Kapitalverwertung direkt proportional zur immer größer werdenden Individualisierung und damit der Vereinzelung des Individuums ...
HH: Ja, ja, das kannst du alles deinem Friseur erzählen, Individualisierung des Individuums, geht's noch tautologischer?
Sven: Kaum.
HH: Darf ich mal eine Frage stellen?
Sven: Ja.
HH: Was macht ihr hier eigentlich?
Sven: Die Platte wird gemischt.
HH: Ja, aber was heißt das?
Sven: Sag bloß, du weißt das nicht?
HH: Wenn es um mich ginge, müßte ich nicht hier unten bei der Blogkontrolle versauern.

Sven: Ich mein ja bloß …
HH: Wenn es um mich ginge, dann würdest du keinen Nashville-, sondern einen Memphis-Blog machen.
Sven: Aber Roger wohnt in Nashville.
HH: Kannst du das dann mal bitte alles erkären?
Sven: Jetzt in diesem Posting oder im nächsten?
HH: Im nächsten. Wenn es in diesem Posting wäre, müßte ich mir das jetzt alles anhören und dazu erläuternde Fragen stellen und den ganzen Scheiß, das wird mir jetzt zu viel.
Sven: Okay.
HH: Gut.
(kurzes Schweigen)
Sven: Soll ich jetzt auflegen.
HH: Ja. Aber noch eins, mein Lieber!
Sven: Was denn?
HH: Es gibt keinen fairen Handel. Ebensowenig wie unfairen Handel. Es gibt nur Handel. Entweder kommt er zustande oder nicht.
Sven: Das mußt du nicht mir erzählen, das mußt du denen von Starbucks erzählen.
HH: Was die meinen, ist Charity-Quatsch, neokolonialer Almosenrassismus, das Sitzen auf dem hohen Roß des Intrusive Carers, der für sich selbst das gute Image will und dabei nichts als Böses schafft.
Sven: Na, na, das scheint mir jetzt aber doch ein bißchen dick aufgetragen zu sein. Vielleicht ist Fair Trade ja auch bloß eine Kaffeebohnensorte, so wie Cabernet Sauvignon eine Traubensorte ist.
HH: Ja, und vielleicht ist Flowery Golden Tippy Orange Pekoe First Flush auch ein Parteiprogramm.
Und damit legte er auf. Wenn er nicht da ist, fehlt er einem. Wenn er da ist, nicht so sehr …

Die Welt von da gesehen, wo Hamburg-Heiner gerade sitzt: Nach ihm geht's ja nicht!

# Was machen wir hier eigentlich?

Donnerstag, 2.40 Uhr
Wenn eine Band wie Element of Crime eine Platte aufnimmt, dann bekommt mehr oder weniger jedes Instrument eine eigene »Spur« auf einem zwei Zoll (etwa 5 cm) breiten, magnetischen Band zugewiesen, auf welch letzterem in diesem Falle (es gibt auch andere Fälle) 24 solcher Spuren parallel zueinander verlaufen und individuell durch einen entsprechenden Tonkopf abgetastet werden können. Das bedeutet, daß man (durch Aktivieren des »synch«-Tonkopfes) gleichzeitig die eine Spur abhören kann, während man synchron dazu auf eine andere Spur aufnimmt. Man kann also zum Beispiel eine Gitarre abspielen und währenddessen dazu singen und den Gesang genau synchron auf demselben Band aufnehmen. Wenn man solche Bandmaschinen nicht hat, kann man das Verfahren auch mit Computern simulieren. Man kann auch Bandmaschinen mit Computern synchronisieren, wenn man z. B. mehr als 24 Spuren braucht. Bei unserer Produktion brauchten wir für das Schlagzeug allein 10 Spuren: 2 für die Bass-Drum, 2 für die beiden Toms, 1 für die Snare, 2 Overhead- und zwei Ambient-Spuren und 1 für die HiHat. Dann gibt es bei eigentlich allen Stücken eine Spur für Bass, mehrere für mehrere Gitarren, eine Spur für Gesang, dann u. U. und je nach Stück Spuren für Klavier, Hammond-Orgel, Violine, Trompeten, Mandolinen, Ukulele, Akkordeon, Streichquartett (6 Spuren), Percussion, Mundharmonika, Melodika und was weiß ich denn.
Alle diese Instrumente werden so aufgenommen, daß sie ihren ihnen aufzeichnungstechnisch möglichen Volumenpegel möglichst ausfüllen, damit die Nebengeräusche weitgehend reduziert werden bzw. bei digitalen Aufnahmen die Auflösung möglichst groß ist. Oder, um es (leicht verkürzt) auf den Punkt zu bringen: Die Spuren sind alle ungefähr gleich laut, wenn man sie alle mit der gleichen Einstellung abspielt.
Deshalb nun kommt es zum Mix:
a) Man regelt das Lautstärkeverhältnis der einzelnen Spuren zueinander, indem man ein Mischpult benutzt, auf dem jeder

Spur ein eigener Lautstärkeregler zugewiesen ist, und das das Gesamtergebnis dann auf zwei Spuren (wg. Stereo) zusammenführt (mixt). Das ist das Wichtigste: die Balance der einzelnen Instrumente.
b) Man bearbeitet (wenn nötig!) den Klang der einzelnen Instrumente. Dazu können mit Hilfe von sog. Equalizern und anderen, verwandten Geräten einzelne Tonfrequenzen hervorgehoben oder unterdrückt werden, die Sache kann also spitzer, dumpfer, greller, heller, nöliger, gepflegter, bummbummiger oder was auch immer gemacht werden. Hier sind äußerste Vorsicht und Fingerspitzengefühl geboten.
c) Man gibt, wenn gewünscht, den einzelnen Spuren oder dem Gesamtsound Hall oder Echo hinzu, indem man das akustische Signal, das vom Band kommt, durch ein entsprechendes Effektgerät schickt.
Das klingt einfach, aber es sieht ja auch einfach aus, wenn Gideon Kremer die Geige spielt. Am besten läßt man es jemanden machen, der solchen Dingen sein ganzes Leben gewidmet hat. Wenn man Musik macht wie wir, dann geht man, wenn es finanziell machbar ist (das ist eine Frage des Budgets, und das Budget ist eine Frage des zu erwartenden Verkaufserfolgs) zu Roger Moutenot, weil der dafür der Beste ist. Und da er in Nashville lebt, fährt man dann nach Nashville. Roger hat auch schon das Album »Mittelpunkt der Welt« gemischt.
Ein Wort noch zum Schluß: Die Songs eines Albums werden nicht besser durch die Mischung. Man kann aus einem Ackergaul auch durch noch so gutes Mischen kein Rennpferd machen. Aber man kann gute Aufnahmen guter Songs durch schlechtes Mischen verderben. Oder, um es auf den Punkt zu bringen: Ein guter Mix fällt als Mix nicht auf, ein schlechter Mix nervt. Für eitle Menschen eine Lose-lose-Situation. Deshalb sind Leute, die das gut können, immer extrem uneitle Obersympathen!

Beispiel für einen unkonventionellen Mix: Blaubeerpfannkuchen und Rührei. Und nun die entscheidende Frage: Wo soll der Sirup hin?

Zwei extrem uneitle Obersympathen: David Young und Roger Moutenot.

# Angst am Steuer

Donnerstag, 10.30 Uhr
Frühstück in Hillsboro Village beendet. Richard Pappik, der, was die wenigsten wissen, in den 50er Jahren drei Jahre hintereinander unter dem Künstlernamen Zbigniew Maggiore den Schlagerwettbewerb von San Remo gewonnen hat, will nicht ins Auto einsteigen. »Fahrt ruhig ohne mich, ich komme nach«, sind seine gelassenen Worte, und jovial winkt er uns hinterher, als wir in die Wedgewood Ave einbiegen. Jakob und ich sind uns nicht sicher, ob es richtig war, ihn dort allein zurückzulassen, da ist alles voller Studenten und Studentinnen und Universitätsprofessoren und Gitarrenhändlern, und wenn wir Pech haben, behalten sie ihn für immer da für eine Professur in italienischer Gastronomie oder als Krautrockbeauftragten.

Wedgewood Ave Ecke Magnolia, im Hintergrund ein Nebengebäude der Vanderbilt University: Krautrockbeauftragter gesucht!

# Bongodeus ex machina

Donnerstag, 13.30 Uhr
Zum Mittagessen beim Burritomann ist er wieder da. Mit Auto. »So sehen Autos aus, Signori!« ruft er in die Runde. Allgemeine Erleichterung, aber auch Erstaunen, Beifallklatschen, Freudentänze, dann Enttäuschung, die langsam einer allgemeinen Beklemmung weicht. »Wer das Ding anfaßt, ist tot!« Wenn einer wie Richard Pappik solche Worte ausspricht, kommt keiner auf dumme Gedanken.

Ein Mann und sein Auto. Die Kollegen im Hintergrund tun die Hände zur Sicherheit in die Hosentaschen.

# Nils R., hörst du mich?

Donnerstag, 15.00 Uhr
Der Mann von der Rezeption der Blackbirdstudios kommt persönlich vorbei, um mich ans Telefon zu holen. »Es ist Blogwatch«, sagt er, und er schaut mich an wie einen gerade verhafteten Josef K. Er weiß ja nicht, daß ich Beziehungen habe.
Hamburg-Heiner: Hier ist Blogwatch.
Sven: Ja, ja, laß gut sein, es hört keiner mit.
HH: Trotzdem, die Sache ist ernst.
Sven: Ich hab's aber erklärt.
HH: Schon, aber das versteht doch keiner.
Sven: Glaub ich aber doch.
HH: Nicht ohne Fotos. Technikfotos.
Sven: Das ist, um es mal österreichisch auszudrücken, fad, Hamburg. Mehr als fad. Das braucht kein Mensch.
HH: Wie du meinst. Ich hab's gesagt, denk drüber nach. Aber wieso kann man bei deinem Blog keine Kommentare abgeben? Das ist doch das Schönste, daß man die ganzen Kommentare lesen kann!
Sven: Wir haben die bei dem anderen Blog, dem Tourblog, blockiert, weil da pro Posting immer zwischen fünfzehn- und zwanzigtausend Kommentare aufgelaufen sind, und alle eher nicht so sehr zur Sache, sondern eher so sexthematisch.
HH: Sexthematisch? Bei deinem Blog?
Sven: Man gab sich keine Mühe, einen Bezug herzustellen. Jedenfalls hab ich das dann mal rausnehmen lassen, und jetzt ist das abgeschaltet, und ich hab Nils R. von Universal zweimal per E-Mail darum gebeten, die wieder anzuschalten, und nichts ist passiert.
HH: Und nun?
Sven: Keine Ahnung. Vielleicht liest er ja den Blog.
HH: Würde ich nicht von ausgehen.
Sven: Ich auch nicht. Wo bist du gerade?
HH: Immer noch im Hotel. Die haben hier alles, was man braucht.
Sven: Bist du da nicht einsam?

HH: Schön wär's!
Sven: Ich muß wieder rein.
HH: Technikfotos, denk mal drüber nach.
Nun, hier sind Technikfotos. Auf Dauer ist es nicht gut, sich mit Blogwatch anzulegen, auch wenn man Beziehungen hat.

Studer 24-Spur-2-Zoll-Bandmaschine: Wenn sich die Spulen drehen, kommt irgendwo Musik raus.

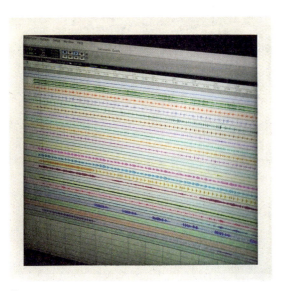

Ähnliche Sache, aber auf Computer. Die bunten Dinger sind die Abbildungen musikalischer Ereignisse.

Eine sogenannte Patch-Bay. Die dazugehörige Kontrollinstanz heißt Patch-Baywatch. Hamburg-Heiner ist da ehrenamtlich tätig. Fotografiert erinnert das an Nudeln ohne alles.

Zeitungsboxen für Gratis-Immobilienmagazine.
Auch hier gilt: Form follows function!

# Ein Blog verliert die Spannkraft – fataler Siegeszug der Selbstreferentialität

Donnerstag, 20.30 Uhr
Bei der Rückkehr ins Hotel in der Lobby nach Hamburg-Heiner geschaut, konnte ihn aber nirgendwo entdecken. An der Rezeption behaupten sie, ihn nicht zu kennen. Im Starbucks gibt es einen koffeinfreien Kaffee namens Bongo Blend. Habe Angst, irgendwas geschrieben oder nicht geschrieben zu haben, was nicht hätte geschrieben oder nicht hätte nicht geschrieben werden dürfen. Das nimmt dem Bloggen jegliche Spannkraft.

Bild vom Nashville-Blog, als er noch Spannkraft hatte.

Freitag, 22. Mai 2009
# Hamburg-Heiner unleashed

Freitag, 1.34 Uhr
Keine Spur von Hamburg-Heiner. An der Rezeption behaupten sie jetzt, er sei schon abgereist, aber das kann nicht sein, denn bei Starbucks im Erdgeschoss halten sie seinen Stammplatz frei und ordern neue Vorräte von Decaf Bongo Blend.

Starbucks im Nashville Sheraton Downtown:
Für Hamburg-Heiner eine gemähte Wiese.

Freigehaltener Hamburg-Heiner-Stammplatz: Hier Ehrensache. Noch warm.

Ihm egal!

# Der letzte Posten!

Freitag, 3.27 Uhr
Nachdenklich schaut der Blogger aus dem 22. Stock in die Nacht von Tennessee. Für morgen sind Gewitterstürme angekündigt. Und Hamburg-Heiner ist irgendwo da draußen auf der Suche nach der Wahrheit und ihren Feinden. Die Züge heulen mehr als gewöhnlich, ein Wind kommt auf, aber das ist bloß die Klimaanlage. Wird die Frau, die das Zimmer macht, heute endlich mal wieder neuen Kaffee für den Automaten bringen? So kann man kein Fair Trade machen!

Irgendwo da draußen läuft er jetzt frei herum.

# In Hillsboro Village läuten die Alarmglocken

Freitag, 10.28 Uhr
Frühstück in Hillsboro Village. Dave kommt vorbei, er wohnt hier in der Nähe bei seinem alten Kumpel Robin und seinem riesigen Magnolienbaum. Als ich frage, ob einer von ihnen Hamburg-Heiner gesehen hat, sagen sie lachend, nein, da wäre nichts, ich solle mir keine Sorgen machen.
Sven: Wie meint ihr das? Wieso Sorgen?
Jakob: Eben gerade nicht!
Richard: Reg dich nicht auf.
Dave: Blüten hat der Baum, so groß wie Fußbälle.
Sven: Wie kommt ihr denn darauf, daß ich mir Sorgen machen könnte.
Jakob: Brauchst du nicht.
Richard: Reg dich bitte nicht auf, das bringt doch nichts!
Dave: Solche Blüten! Wie Fußbälle.
Und immer so weiter. Langsam wird's eng!

David Young: Blüten wie Fußbälle.

Richard Pappik: Keine Aufregung bitte!

Jakob Friderichs: Mach dir keine Sorgen, Sven!

# Der Remix ist des Mixes Feind

Freitag, 17.15 Uhr
Langsam enspannt sich alles im Studio, die Mixe sind gut und so gut wie fertig, aber das Bessere ist der Feind des Guten, und deshalb gibt es noch eine Runde Remixe für alle. Und dann sind da noch die Bonustracks. Aber Entspannung: Die Blicke lösen sich vom schiffsgleich beplankten Fußboden und beginnen durch den Raum zu schweifen.

Skeptischer Blick nach oben. So also sieht es hier aus.

Schau mal, der Bildschirm da!

# Afficionado Time Down South

Freitag, 17.34 Uhr
Große Aufregung vor dem Studio, wo Hamburg-Heiner mit einem roten Auto vorfährt und einen 1a-Reifenburnout vorführt. Die sollen mit dem Vintage-Car-Quatsch ruhig so weitermachen, irgendwann dreht sich der Wind und der Ford Taurus ist plötzlich wieder cool.

Hamburg-Heiner (im Auto sitzend), Pappik-Richard: Vintage-Car-Afficionados im Glück! Noch!

Bald wieder cool: weißer Ford Taurus, Bj. 2008.

# Warten auf den nächsten Move

Freitag, 17.39 Uhr
Hamburg-Heiner entschwindet in einer Wolke qualmenden Gummis, bevor ich ihn fragen kann, wie mein Fall bei Blogwatch steht und ob ich weitermachen darf oder was nun und überhaupt, aber so läuft das wohl nicht mit ihm. Mit mir aber auch nicht. Ich stelle das Handy auf Flugmodus. Mal sehen, wie sein nächster Move aussieht.

Handy auf Flugmodus: Alle Schotten dicht!

# Die Open-Air-Lounge von Studio B ist kein Zen-Garten

Freitag, 19.05 Uhr
Beim Studiotelefon glühen die Drähte. Alle 2 Minuten kommt jemand vom Studio rein und fragt, ob ich da wäre. Sie haben Angst, daß Blogwatch die schnelle Eingreiftruppe schickt, denn sie können ja nicht ahnen, daß Hamburg-Heiner wegen einer alten Geschichte, die zu erzählen jetzt zu weit führen würde, es ging um Britney Spears, einen Blog mit Kochrezepten und 2 Pfund Butter, von seinen amerikanischen Kollegen keine Amtshilfe erwarten kann. Trotzdem will ich die netten Leute hier nicht zum Lügen verführen, deshalb verstecke ich mich in der Open-Air-Lounge von Studio B.

Blick aus der Open-Air-Lounge von Blackbird Studio B: HH-freie Zone!

# Weihnachten schöner als Ostern

Freitag, 22.10 Uhr
Im Foyer des Sheraton Nashville Downtown Hotels kommt es zum Showdown. Hamburg-Heiner und sein neuer Praktikant Kevin nehmen mich, als ich aus dem Durchgang zur Parkgarage in die Hotellobby komme, zwischen sich und geleiten mich zur Sitzgruppe an der Hotelbibliothek gegenüber vom Hotelstarbucks. Kevin holt Starbucks Fair Trade Decaf für alle.
Sven: Sieht so Freundschaft aus, Hamburg?
HH: Was soll ich machen? Du gehst ja nicht ans Telefon!
Sven (holt sein Telefon raus): Tja, das muß irgendwie kaputt sein. (Schaltet die Fotofunktion ein.) Was kann das nur sein ...
HH: Keine Fotos! Höchstens von den Büchern.
Sven (macht, um HH nicht zu reizen, ein Bücherfoto): Wollte ich sowieso nur. Aber seit du bei der BW bist, ist unsere Freundschaft nicht mehr, was sie mal war.
HH: Was vielleicht auch besser so ist. Können wir anfangen?
Kevin (kommt mit drei Kaffeebechern zurück): Ich habe für mich einen Decaf Bongo Blend Africa Kitamu Java genommen.
HH: Sehr interessant, Kevin. Und jetzt geh den Kaktus gießen!
Sven: Habt ihr den Kaktus dabei?
HH: Ja. Fangen wir an: Southern Bell – das ist Quatsch, das Batman-Gebäude war früher nicht von Southern Bell, sondern von Bell South.
Sven: Southern Bell ist aber schöner.
HH: Na und? Weihnachten ist auch schöner als Ostern, aber sag das mal dem Osterhasen!
Sven: Den gibt's nicht.
HH: Southern Bell auch nicht.
Sven: Okay, noch was?
HH: Der ganze Kram über Nashville, die Wirtschaft und so, das ist doch nur Hörensagen!
Sven: Hat Roger mir erzählt! Das ist 1a Oral History bzw. Subjective Oral Modern Urban Legend oder so.
HH: Das klingt irgendwie nach Starbucks, wie du das sagst.
Sven: Ich finde, das klingt eher nach Pfeifentabak.

HH: Hättest du das nicht wenigstens, wie jeder anständige Blogger, bei Wikipedia verifizieren können?
Sven: Ich hab das alles morgens zwischen 2 und 6 geschrieben, da hatte ich kein Internet, das stellen die hier nachts irgendwie ab oder so. Außerdem ist Wikipedia out. Das glaubt doch kein Mensch, was da drinsteht.
HH: Ich glaub das immer.
Sven: Wer ist schon wie du?
HH: Auch wieder wahr!
Und so weiter. Es wurde dann noch ein richtig schöner Abend!

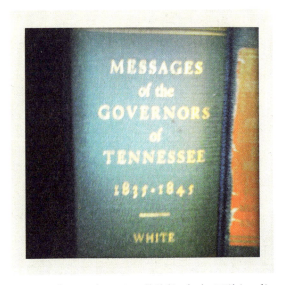

Ein Buch aus der Hotelbibliothek: Wikipedia kann einpacken!

Samstag, 23. Mai 2009
# Integration vs. Assimilierung

Samstag, 6.39 Uhr
Erst jetzt aufgewacht. Gleich Fair Trade gemacht und frühsportmäßig zur Lobby runtergeguckt. HH abgereist. Jetlag verschwunden. Ist das jetzt Integration oder Assimilierung? Auch irgendwie tragisch: Morgen geht's heim, dann geht das Jetlag-Ding volle Pulle von vorne los.

Lobby ohne Hamburg-Heiner: Bei Starbucks flaggen sie auf Halbmast.

Flamingo in Nashville: Integriert oder assimiliert?

# Noch einige Fakten über Nashville (vom Hörensagen und aus eigener Erfahrung)

Samstag, 15.56 Uhr
Im 19. Jahrhundert hatten sie in Nashville ein Vaudeville-Zelt. Dadurch kam es zur Ansiedlung vieler Musiker, denn hier gab es für sie Arbeit. Aber das galt damals nur für weiße Musiker, schwarze Musik hat hier nicht stattgefunden. Lange durfte hier auch kein Schlagzeug gespielt werden, weil das mit schwarzer Musik assoziiert wurde. Johnny Cash soll deshalb die Sache mit der Dollarnote zwischen den Seiten erfunden haben, eine Dämpf- und Perkussionstechnik, die David Young später mit Klopapier zur sogenannten »Bogocaster« (wg. »Bog Paper«) seitwärtsentwickelte. Heute gibt es hier immer noch viele Musiker, außerdem viele Studios und viele Plattenfirmen. In den Blackbird Studios gibt es ein Heißgetränk namens Chamomile Mint. Das ist lecker und tut nicht weh, wenn man es vorsichtig trinkt.

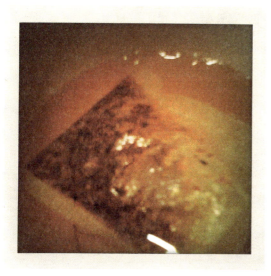

Chamomile-Mint-Teebeutel bei der Arbeit.

Sonntag, 24. Mai 2009

# Das angesagte Ding, wenn man in die andere Richtung fliegt

Sonntag, 5.00 Uhr
Früh aufstehen ist das angesagte Ding, wenn man in die andere Richtung fliegt, also gegen die Uhr gewissermaßen. Ab jetzt läuft das gleiche Programm wie am Montag, nur eben rückwärts, das steht schon mal fest.

Flughafen Nashville: Wo man einmal rauskam, muß man jetzt wieder rein.

# 20 % auf alles

Sonntag, 16.14 Uhr
Pasta Stromboli auf dem Flughafen von Newark. Verwandte von R. Pappik. Großes Hallo, Austausch von Kochrezepten, 20 % auf alles außer Tiernahrung. Kaum Zeit, das auszunutzen!

Was die Leute hier können, hat er ihnen beigebracht. Was sie nicht können, auch.

# Meatballs no!

Sonntag, 18.50 Uhr
Die Stewardess: Hähnchen mit Reis oder Pasta mit Meatballs.
Friderichs: Hähnchen.
Regener: Hähnchen.
Pappik: Hähnchen.

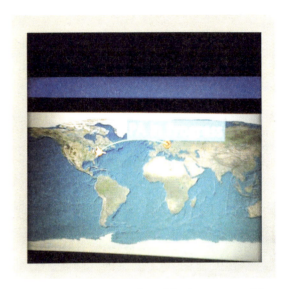

Kurz hinter New York: Schlechte Gegend für Hähnchen!

Montag, 25. Mai 2009
# Der Flug durch einen schwarzen Blob

Sonntag, 20.56 Uhr bis Montag, 8.02 Uhr
Das Gute an diesem Flug ist, daß er durch eine verkürzte Nacht führt, die wie ein Blob aussieht.

Der Stern ist die Sonne, der schwarze Blob ist die Nacht.

Turbulenzen: Während die einen noch hadern und zürnen, ergehen sich die anderen schon im demütigen Gebet.

Eberswalde-Finow: Über das Ziel hinausgeschossen?

Der verwirrendste Teil der Reise: Busfahrt mit der BVG.

# Eine interessante Herausforderung

Montag, 16.14 Uhr
Leander sitzt im Prater und will wissen, was wir in der Woche in Nashville gelernt haben.
Sven: Schwer zu sagen.
Leander: Sag's trotzdem.
Sven: Amerika ist ein anderer Kontinent, genauso wie zum Beispiel Asien. Und genauso anders ist da alles als bei uns. Wir denken immer nur, daß wir das da alles verstehen und beurteilen könnten, weil wir glauben, das aus den Filmen zu kennen. Aber so läuft das nicht. Filme sind Kunst und nicht das richtige Leben.
Leander: Nicht?
Sven: Nein.
Leander: Und sonst?
Sven: Es ist schwer, wenn man gleichzeitig kurzsichtig und weitsichtig ist und keine Zweistärkenbrille hat.
Leander: Das stimmt. Aber es ist auch eine interessante Herausforderung, der wir uns stellen müssen, egal, wo auf der Welt wir uns gerade aufhalten.

Hat für alle Probleme eine Lösung und deshalb auch das letzte Wort in diesem Blog: Leander Haußmann!

# VI
# VÖ-heißt-nicht-Vorderes-Österreich-Blog

standard.at

4.9.2009 bis 18.9.2009

# Schlacht bei Königgrätz revisited

**Was bis jetzt geschah: Bis jetzt geschah in diesem Blog nichts, denn er geht erst los. Dafür aber gleich mittendrin und ohne Erklärungen.**

Freitag, 4.9.2009, 4.30 Uhr

Gottseidank habe ich gestern vorgeschlafen, so wie man es früher als Kind zu Silvester machte, also von abends sechs bis etwa halb zwölf nachts, um das Feuerwerk nicht zu verpassen. Nur daß es hier nicht um ein Feuerwerk ging, sondern um den natürlich fälligen Anruf von Hamburg-Heiner, von dem kein Mensch, der noch bei Trost ist, im Schlaf überrascht werden will, nicht einmal im Halbschlaf, in dem ich vor mich hin dämmerte, als er anrief, denn er rief natürlich nicht um Punkt Mitternacht oder kurz danach an, er, Hamburg-Heiner, ist alles Mögliche, aber so vorhersehbar und verläßlich wie ein Silvesterfeuerwerk ist er nicht, und deshalb kam sein Anruf gegen halb vier, als ich gerade dabei war, die Geschehnisse einer alten Columbo-Folge in die surrealen Gedanken einzuweben, die einen überkommen, wenn man auf der Grenze zwischen Wachsein und Schlaf wandelt wie ein turnunbegabtes Kind auf einem Schwebebalken.
Hamburg-Heiner: Ich bin's.
Sven (extrem lässig): Ich weiß, Hamburg.
HH: Woher?
Sven: Hamburg, dies ist das 21. Jahrhundert, da gibt es digitales Telefon und dem einzelnen Anrufer zugeordnete, eigene Signale, deins ist zum Beispiel das Leitmotiv von Till Eulenspiegel aus der gleichnamigen symphonischen Dichtung von Richard Strauss.
HH: Ich hasse Richard Strauss.
Sven: Wer denn nicht. Aber darum geht es hier nicht, lieber Freund.
HH: Ich weiß, darum rufe ich an. Es geht also wieder los.
Sven: Ja. Es geht wieder los.

HH: Wieso denn im Standard? Und was soll der alberne Titel? Wer würde denn auf die Idee kommen, daß VÖ Vorderes Österreich heißt?
Sven: Nun gut, wer würde denn auf die Idee kommen, daß VÖ in der Schallplattenbranche als Abkürzung für Veröffentlichung bzw. Veröffentlichungsdatum hergenommen wird?
HH: Das heißt nicht mehr Schallplattenbranche, Sven. Das hieß zum letzten Mal Schallplattenbranche, als ihr mit Element of Crime noch Newcomer wart. Und das ist verdammt lange her. Heute heißt das Musikindustrie. Und die gilt als böse.
Sven: Nicht bei mir. Ich will meine VÖ.
HH: Wann ist denn VÖ?
Sven: Die LP kommt am 18. September, und die Single kommt heute raus.
HH: Das heißt nicht mehr LP, Sven, das heißt CD und vor allem jetzt Download.
Sven: Es gibt die auch noch auf Vinyl.
HH: Hör auf damit, das ist mir jetzt zu viel Schleichwerbung. Ich möchte mal so fragen: Was soll der Blog bringen?
Sven: Ich habe mir gedacht, daß der Blog dreierlei bringen sollte: 1. sollte er dem ß wieder zu mehr Geltung verhelfen. 2. sollte er der Aussöhnung von Österreich und Deutschland dienen. Darum wollte ich ihn erst eigentlich »Versöhnen statt spalten« nennen, aber die Leute von der Polygram hatten Angst, daß dann Klagen reinkommen, weil das ein Johannes-Rau-Sample ist.
HH: Die heißen nicht mehr Polygram, die heißen seit 15 Jahren Universal, Sven! Und drittens?
Sven: 3. soll der Blog erzählen, was so abgeht im Vorfeld einer Plattenveröffentlichung, was da so geht und so.
HH: Ich fall gleich ins Wachkoma.
Sven: Kein Wunder, es ist ja auch mitten in der ...
HH: Sven, vergiß das mit dem dritten Punkt. Das ist Quatsch. Aber das mit dem ß ist gut.
Sven: Ja, das ß ist irgendwie wie die Glühbirne, fast schon weg, aber noch nicht richtig.
HH: Ein langsames Sterben.
Sven: Genau.

HH: Aber nicht mit uns.
Sven: Auf keinen.
HH: Wir halten dagegen!
Sven: Auf jeden.
HH: Sei froh, daß das kein Blog für die Schweizer ist, die haben das gar nicht mehr auf der Tastatur.
Sven: Schlimm. Aber das kann mit Österreich nicht passieren.
HH: Warum nicht?
Sven: Weil sonst die beiden österreichischen Komponisten Johann Strauß, der Vater, und Johann Strauß, der Sohn, genauso geschrieben werden müßten wie Richard Strauss, und der war ein Deutscher und außerdem ein alter Nazi.
HH: Auf so was können die Österreicher nicht, mit so einem wollen die nichts zu tun haben.
Sven: Eben. Da ist irgendwie ein kleiner Graben zwischen den beiden Ländern, darum ja auch Nr. 2, ich meine Punkt 2, also das mit der Versöhnung der beiden Länder.
HH: Vergiß das, Sven. Da ist seit der Schlacht bei Königgrätz nichts mehr zu machen.
Sven: Ja, das war unglücklich damals. Ich dachte, man könnte das vielleicht irgendwie wiedergutmachen.
HH: Ich als Hamburger hätte da einen Vorschlag zu machen: Wir sollten ihnen Schleswig-Holstein wiedergeben. Das könnte sie milde stimmen.
Sven: Und sie hätten ein 10. Bundesland. Das ist irgendwie runder als 9. 10 Finger, 10 Gebote ...
HH: Sie müßten dann aber auch die HSH-Nordbank übernehmen. Kleinigkeit, denke ich mal. Dafür bekommen sie direkten Zugang zu Nord- und Ostsee.
Sven: ... die 10 Geschworenen, die 10 Todsünden ...
HH: Laß uns morgen drüber weiterreden.
Sven: ... die 10 Löcher beim Golf, das sind doch alles Argumente!!
HH: Laß uns morgen drüber weiterreden.
Sven: Was ist, wenn die Schleswig-Holsteiner nicht wollen?
HH: Wieso sollten die nicht wollen? Ich meine, die nennen sich »Das Land zwischen den Meeren«, das ist doch fad. Wenn sie

bei Österreich dabei wären, dann könnten sie sagen: »Das Voralpenland zwischen den Meeren«, wie cool wäre das denn?!!
Sven: Ich muß da erst mal drüber schlafen, bevor ich das einfach so abnicke.
HH: Ja, laß uns morgen drüber weiterreden.
Und damit endete dieses Gespräch. Sollte das deutsch-österreichische Verhältnis wirklich so einfach zu reparieren sein? Und wird die Platte wirklich am 18. September erscheinen? Ist die Single-VÖ (heute! nur Download!) überhaupt noch zeitgemäß? Das sind bange Fragen, so mitten in der Nacht. Und kaum sind sie gedacht, klingelt auch das Telefon schon wieder.
HH: Keine Werbung mehr, das nervt.
Sven: Okay.
Aber da hat Hamburg-Heiner auch schon wieder aufgelegt. Seit er in Wilhelmsburg wohnt, ist er unversöhnlicher, härter geworden, gegen sich selbst ebenso wie gegen andere, hart aber gerecht, so wie der Hannes Eder, aber davon soll ein anderes Mal die Rede sein.

Stilisierte Darstellung eines in Holstein umgefallenen Spatens. Die dazugehörige Redewendung ginge zusammen mit dem Bundesland in österreichisches Eigentum über.

# Methode Pappik

Was bis jetzt geschah: Hamburg-Heiner will den Österreichern Schleswig-Holstein als Versöhnungsgeschenk anbieten, Sven muß da erst noch drüber schlafen.

Freitag, 4.9.2009, später

Promo, Promo, Promo. Telefoninterviews, E-Mail-Interviews, Radiointerviews. Und dann eine Songliste für eine Sendung bei Motor FM zusammengestellt:

| | |
|---|---|
| Cold Cold World | Blaze Foley |
| Fake Tales of San Francisco | Arctic Monkeys |
| I Want You So Hard | Eagles of Death Metal |
| Frankfurt/Oder | Bosse |
| Steak For Chicken | The Moldy Peaches |
| Eleanor Put Your Boots On | Franz Ferdinand |
| Deborah Müller | Element Of Crime |
| Danny Boy | The Five Blind Boys of Alabama |
| Garagenliebe | Ed Csupkay |
| Im Dunkeln | Madsen |
| Hotel Yorba | The White Stripes |
| Bo Diddley | Bo Diddley |
| Cadillac Walk | Mink DeVille |
| Monkberry Moon Delight | Screamin' Jay Hawkins |
| Immer da wo du bist bin ich nie | Element Of Crime |

Das Problem mit solchen Listen ist natürlich, daß alle glauben, daß sie irgendwas bedeuten, daß sie irgendwas über den Künstler, der sie zusammenstellt, aussagen, daß man aus dem Kram, den er da zwischen Tür und Angel so zusammenschustert, etwas über seinen Status, seinen Geschmack, seine Vorbilder, seine Kenntnis der aktuellen Musikszene, seine Verschnarchtheit, seine absolute Ahnungslosigkeit, seine Dreistigkeit, sich mit fremden Federn zu schücken, seine Coolness, seine Fähigkeit, übers Wasser zu wandeln usw. schließen könne. Und das könnte

natürlich auch so sein. Oder auch nicht. Nicht einmal der Musiker weiß das. Was natürlich dann auch bei ihm zu äußerster Verkrampfung führt. Die Faustregel geht ungefähr so: Je ausgefallener, ungewöhnlicher, niegehörter die Songtitel und Künstler auf einer solchen Liste sind, desto wichtiger hat der Musiker den Image-Aspekt bei der Sache genommen, umso mehr und umso peinlicher war er um Distinktionsgewinn bemüht. Ausnahmen von der Art, daß eine Liste garantiert frei von Subtext bleibt, gibt es nur wenige, die wichtigste wird garantiert durch die »Methode Pappik«, ein vom Element-of-Crime-Schlagzeuger Richard Pappik entwickeltes Scheißegal-System, das man am Beispiel der Videos, die er gestern aus der Vorschlagsliste eines Musiksenders für eine Sendung ausgewählt hat, gut studieren kann:
Aaron Neville – A Change Is Gonna Come
Air – Sexy Boy
Black Eyed Peas, The – Where Is The Love?
Blur – Song 2
Cure, The – Boys Don't Cry
Deichkind – Remmidemmi (Yippi Yippi Yeah)
Doors, The – Break On Through
Eagles Of Death Metal – Cherry Cola
Eels – Novocaine For The Soul
Eminem – Cleanin' Out My Closet
Everlast – Folsom Prison Blues
Weird Al Yankovic – Fat
Wichtig, ja geradezu alles entscheidend ist die Raffinesse, mit der der Umstand, daß am Ende des Buchstabens E schon alles in Sack und Tüten war, durch geschicktes Hinzufügen eines Kandidaten vom anderen Ende der Vorschlagsliste kaschiert wurde. Nur gut, daß die nichts von Zappa hatten.
Aber so was darf nur Richard Pappik, denn er ist der Österreicher der Herzen, darin dem Hannes Eder nicht unähnlich, von dem aber später noch die Rede sein wird.

Keine Angst vor langen Listen: Schlagzeuger Richard Pappik!

# Schnitzelhus

**Was bis jetzt geschah: Sven und Richard haben Listen zusammengestellt, die dem Distinktionsgewinn dienen sollen. Für die deutsch-österreichischen Beziehungen war das aber insgesamt eher ein Nullsummenspiel.**

Freitag, 4.9.2009, noch viel später

Auf dem Rückweg von Radio 1 (Potsdam-Babelsberg) nach Berlin über Österreich nachgedacht. Am Steuer: Daniel von der Radio-Promo. Aufgewachsen in Lübeck. Was wird aus ihm, wenn seine Heimat an Österreich geht? Kriegt er einen neuen Paß? Oder nur den alten weggenommen? Ist Thomas Mann dann Österreicher? Wird die holsteinische Kartoffel (Hansa, Grata, Sieglinde) zum Erdapfel? Als ich über diese Fragen hinweg in den REM-Schlaf glitt, rief Hamburg-Heiner an.
Sven: Hamburg, ich mag nicht. Mir ist fad. Ich bin müd. Ich bin so exaltiert.
HH: Mag sein, mein Freund, aber die Frauen lieben auch deinen Punk.
Sven: Das ist wahr. Ich hab übrigens über die Sache mit Schleswig-Holstein nachgedacht und mich auch sonst erkundigt: Da wird nichts draus.
HH: Nicht?
Sven: Nein. Ich hab mit dem Florian Horwath darüber gesprochen, der war nicht erfreut.
HH: Ist der in Berlin?
Sven: Ja, wir waren im Horváth essen. Am Paul-Lincke-Ufer.
HH: Das ist ja etwas, worüber sich die Österreicher in Hamburg immer beschweren, daß sie, wenn sie in Berlin sind, von den Einheimischen in österreichische Restaurants geschleppt werden.
Sven: Jedenfalls hat der Florian Horwath gesagt, daß ihn das unangenehm berührt, daß wir da die Sache mit Königgrätz wieder erwähnen, er hat das eigentlich endlich mal vergessen wol-

len, hat er gesagt. Mit so was machen wir uns in Österreich keine Freunde, meint er.
HH: Wir haben's aber nur gut gemeint.
Sven: Ja, das mit den österreichischen Restaurants ist auch gut gemeint. Und trotzdem beschweren sie sich bei dir darüber.
HH: Wir machen so was hier nicht.
Sven: Weil ihr in Hamburg keine österreichischen Restaurants habt.
HH: Von wegen, wir haben das Schnitzelhus.
Sven: Das Schnitzelhus?!
HH (liest irgendwo ab): »Servus sagt das Team vom Schnitzelhus und begrüßt Sie herzlich auf unserer Website. Seit Anfang 2007 gibt es nun schon unser gehobenes Restaurant mit deutsch-österreichischer Küche, das seitdem seine Gäste mit kulinarischen Köstlichkeiten in seinen Bann zieht. Der Koch selbst stammt aus dem traditionsreichen Österreich und lässt somit seinen Wiener Charme bei der Zubereitung der Speisen hineinfließen. Bei uns ist alles frisch und wird erst bei Bestellung zubereitet, wodurch die beste Qualität gewährleistet ist. Neben unseren tollen Schnitzeln haben wir auch Köstlichkeiten, die für die Feinschmecker unter Ihnen bestimmt sind, so dass bei uns jeder auf seine Kosten kommt und KEINER hungrig wieder nach Hause geht.«
Sven: Schnitzelhus?! Traditionsreiches Österreich?!
HH: So sieht's aus, mein Freund.
Sven: Da wartet noch viel Arbeit auf uns.
HH: Ich denke, hier ist das Ziel schon erreicht: Deutsch-österreichische Küche, Wiener Charme, tolle Schnitzel, und KEINER geht hungrig wieder nach Hause.
Sven: Ich bin nicht sicher, ob man die Österreicher mit dem Begriff »Schnitzelhus« wirklich versöhnen kann.
HH: Ja, aber hier zeigen wir ihnen doch, wie sehr wir sie lieben.
Sven: Ja, aber das geht so nicht. Das finden die so nicht so gut. Ich meine, es ist ja nicht nur, daß sie uns nicht mögen. Es ist ja auch so, daß sie in die ganze Welt hinausgehen mit der Österreichbeschimpfung, und wir geben ihnen mit dieser Schnitzel-

hus-Liebe ja immer und immer wieder nur auf die geistfeindlichste Weise zu verstehen, daß wir das nicht ernst nehmen.
HH: Ja, sollen wir jetzt auch Österreich beschimpfen?
Sven: Nein, das dürfen wir natürlich auch nicht. Schon mal gleich gar nicht.
HH (nachdenklich): Hm … Das scheint mir irgendwie eine Lose-lose-Situation zu sein.
Sven: Genau!
HH: Ich muß da noch mal drüber nachdenken.
Sven: Morgen ist auch noch ein Tag.
HH: Auf jeden.
Sven: Rom wurde auch nicht an einem Tag erbaut.
HH: Auf keinen.
Und damit legte er auf. Klang irgendwie niedergeschlagen, melancholisch, traurig, ganz anders als der Hannes Eder jedenfalls, von dem später noch die Rede sein wird.

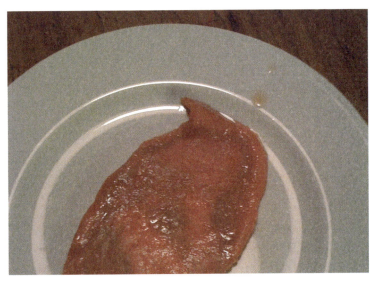

Ein Schnitzel in Deutschland: Nice try, Piefke!

# Mach's gut, Sachsen!

Was bisher geschah: Florian Horwath war in Berlin ins Restaurant »Horváth« eingeladen. Aber auch in Hamburg ging KEINER hungrig nach Hause. Die Kombination aus österreichischer Küche und plattdeutscher Sprache bleibt aber umstritten!

Sonntag, 6.9.2009, 15.13 Uhr, Potsdam/Templin

Der Templiner See bei Potsdam: verwaist. Die Bootsvermietung: geschlossen. Die Wakeboarder und mit ihnen der Sommer: nicht da. Dabei hatte ich gehofft, hier auf Christian Komorowski zu treffen, *den* Christian Komorowski, Teufelsgeiger aus Lohr am Main, der hier sommers wie winters jeden Sonntag auf dem Wakeboard zubringt, »weil's ja zum Wörthersee so weit ist«, wie er zu sagen pflegt, wieder und wieder und wieder, und niemand wagt ihm zu widersprechen, nicht einmal hier, bei Potsdam, der Hauptstadt des Landes Brandenburg, dem Herz des Preußischen Kernlandes, der Finsternis quasi, wo früher die schwulen Soldatenkönige zwischen zwei Flötenkonzerten Feldzüge gegen die arme Maria Theresia aushecken und wo ich ihn aufsuchen wollte, um ihn um Rat zu fragen, das deutsch-österreichische Verhältnis betreffend, denn Christian Komorowski ist einer von denen, die da waren und wiederkamen und berichten können, er hat das Wakeboarden und das Wasserskilaufen (auch Monoski!), also quasi das Überwassergehen auf dem Wörthersee gelernt, und außerdem spielt er auf der neuen Platte von ELEMENT OF CRIME (Titel: »Immer da wo du bist bin ich nie«, erscheint am 18. September) Geige auf den Tracks Nr. 3, 4, 6, 8 und 11, kein anderer Gastmusiker hat so viel Platz auf dieser Platte eingeräumt bekommen, und – aber Moment, da klingelt auch schon das Telefon und Hamburg-Heiner ist dran. Das wurde auch Zeit.
Hamburg-Heiner: Hör mit der Werbung auf. Das ist peinlich.

Sven: Das ist nicht peinlich. Wenn ein Deutscher versucht, wie ein Wiener zu reden, das ist peinlich.
HH: Das ist keine Einbahnstraße. Wenn ein Salzburger Schriftsteller Hamburgtümelei betreibt, ist das auch peinlich.
Sven: Wen meinst du denn damit?
HH: Ich nenne keine Namen, ich bin doch nicht verrückt!
Sven: Ich habe übrigens beschlossen, daß die *fusion*-Küche, auch in ihrer modernen Form, nicht der Weg ist, der weiterführt.
HH: Sicher nicht?
Sven: Nein, weil die Sache zu einseitig ist. Wohl kommen die Deutschen auf die Idee, »deutsch-österreichische Küche« anzubieten, aber die Österreicher würden das niemals tun.
HH: Zu Recht nicht, das dürfte sich kaum lohnen für die!
Sven: Das hat auch irgendwie was Aggressives, »deutsch-österreichische Küche«, so was einfach zusammenzuspannen! Auch in dieser Reihenfolge!
HH: Wir müssen da noch sensibler werden. Oder noch was drauflegen. Vielleicht Sachsen, das wäre räumlich naheliegend. Und geschichtlich: Bei Königgrätz waren sie auf österreichischer Seite.
Sven: Ich dachte, das wollten wir nicht mehr erwähnen.
HH: Entschuldigung.
Sven: Wir müssen trotzdem einen anderen Ansatzpunkt finden. Die Liebe der Österreicher kann man nicht kaufen, auch mit Sachsen nicht. Oder jedenfalls nicht mit Sachsen. Wir brauchen positive Vorbilder im deutsch-österreichischen Verhältnis, so im zwischenmenschlichen oder wenigstens beruflichen Bereich. Habe ich mir gerade überlegt. Weil ich hier in Potsdam bin. Mußte an Grissemann und Stermann denken, die sind da mehr als vorbildlich!
HH: Wieso Potsdam, was haben die mit Potsdam zu tun?
Sven: Die haben auch eine Sendung bei Radio 1. Das ist vom Rundfunk Berlin-Brandenburg.
HH: Aber so Paarungen gibt's nicht viele, so deutsch-österreichische. Das ist ja bei Grissemann und Stermann fast schon Alleinstellungsmerkmal!

Sven: Ich glaube, da gibt es mehr, als die meisten glauben.
HH: Fallen mir gerade nicht so viele ein.
Sven: Mir auch nicht, da muß ich erst mal drüber nachdenken.
HH: Und sonst?
Sven: Morgen flieg ich nach Wien. Wegen Interviews.
HH: Wirst du den Hannes Eder sehen?
Sven: Ich denke schon. Der Pappik ist schon da und assimiliert sich. Das geht schnell bei dem, weil er ja auch Italiener und Pole ist, da ist das für ihn ja quasi eine gemähte Wiese!
HH: Und du? Hast du da keine Angst?
Sven: Angst nicht, aber ein bißchen mulmig ist mir schon. Vor allem jetzt, wo die Austrian an die Lufthansa gegangen ist, da weiß man ja gar nicht, wie sich das auf den Luftverkehr auswirkt. Gottseidank flieg ich mit Air Berlin, da wird das immer von der Niki durchgeführt, dann klappt's auch mit dem Fluglotsen!
HH: Also keine Angst?
Sven: Nur so ein bißchen Paranoia, aber das wird schon noch schlimmer, da mach ich mir eigentlich keine Sorgen.
HH: Dann ist ja gut.
Und damit legte er auf. Nur um gleich wieder anzurufen.
HH: Mediengruppe Telekommander. DÖF. Udo Jürgens und Hans Beierlein. Thomas Bernhard und Claus Peymann. Und der Brahms soll heimlich bei der Beerdigung vom Bruckner gewesen sein und sogar geweint haben.
Sven: Aber die wichtigste Paarung hast du vergessen: Elisabeth von Bayern und Franz Joseph I.
HH: Die Sißi und der Franz!!
Sven: Wir sollten es vielleicht mit dem ß nicht übertreiben, Hamburg. Don't push your luck und so weiter. Die beiden jedenfalls.
HH: Das güldet aber nicht. Das war vor 1866, daß die geheiratet haben.
Sven: Ja, aber dies ist das Internet, und da hängt alles miteinander zusammen, und jetzt kommt's: An dem Tag an dem die Sisi ermordet wurde, war sie ja in Genf und wohnte im Hotel Beau Rivage, in dem 89 Jahre später der schleswig-holsteinische Ministerpräsident Uwe Barschel Selbstmord verübte.

HH: Da haben wir's wieder!
Sven: Tut mir ein bißchen leid wegen Sylt. Um Sylt wär's schade.
HH: Kann man nichts machen. Aber denk auch mal über Sachsen nach!
Und dann war er wieder weg. Ich weiß gar nicht, wie ich in Wien ohne ihn klarkommen soll … – nur gut, daß der Pappik da seit zwei Tagen für gute Stimmung sorgt!

In Sachsen ist schon alles vorbereitet!

# Der Hannes Eder ist schuld!

Was bisher geschah: Weil Christian Komorowski ein Schönwetter-Wakeboarder ist (Wörthersee), mußte Sven mit Hamburg-Heiner über die Vorbildfunktion deutsch-österreichischer Individualbeziehungen (Jürgens/Beierlein et al.) spekulieren. Nebenbei ging auch noch Sachsen abhanden.

Dienstag, 8.9.2009, 7.07 Uhr, Wien

Aua, aua, aua. Schädelweh. Vergleiche dazu Song Nr. 10 (Der weiße Hai) auf dem neuen ELEMENT-OF-CRIME-Album »Immer da wo du bist bin ich nie« (erscheint am 18.9. als CD, LP, Download), in dem es heißt: »Die Leute, die du liebst sind alle auf Mallorca und singen dort das Lied vom Schädelweh (…)« Brauchst nicht anzurufen, Hamburg, ich geh eh nicht ran. Das Lied vom Schädelweh haben mir die Gebrüder Vuk aus Konstanz Bodensee beigebracht: »Rättättee, Rättättee, morgen ham wir Schädelweh, Rättätee, Rättättee, Schädelweh ist schee!« Ein kühnes Werk, dessen hochpolitischer Inhalt überall in Deutschland kontrovers diskutiert wird.
Schuld ist natürlich der Hannes Eder, der eine ums andere Flaschen öffnen ließ, deren Schraubverschlüsse, und das hätte mich warnen sollen, dasselbe Zeichen (rotes Schild mit weißem Band) trugen, wie es in der Binnenschiffahrt bei Brücken für »Durchfahrt gesperrt, Achtung Gegenverkehr« steht. Aua, aua, aua. Es wird a Wein sein und mir wer'n nimmer sein … (Josef Hornig) – schön wär's. Danke, Hannes Eder! Gut daß gleich die ganzen Interviews kommen, das hat in solchen Fällen noch immer geholfen.

Dieses warnende Zeichen (mit Obst nachgestellt) trugen die Schraubverschlüsse des Hannes Eder.

# Ein Wiener Kongreß

Was bisher geschah: Sven singt das Lied vom Schädelweh, während der Hannes Eder seiner Schraubverschlußsammlung neue Exponate hinzufügen kann. Die Vuk-Brüder aus Konstanz halten an alldem die Urheberrechte.

Dienstag, 8.9.2009, 23.18 Uhr, Wien

Interviews, Interviews, Interviews. Sie finden in einem Wiener Salon statt, und Herr Pappik, der in dieser Stadt überhaupt aufblüht wie eine Rose von Jericho in heißem Wasser, und der für sich und alle anderen pausenlos und in dieser Reihenfolge Melange, Cappuccino und Pharisäer zubereitet, verspricht den freudig überraschten Journalisten, sich dafür einzusetzen, »daß sich auch Triest und Krakau die Sache noch einmal überlegen«. Mir ist nicht ganz wohl dabei. Hat er die Kompetenz und vor allem die Kraft, diesen Ankündigungen auch Ergebnisse folgen zu lassen? Er geht ja jetzt schon an die Grenze des Menschenmöglichen und darüber hinaus. Die Menschen hier zählen auf ihn, vertrauen ihm, schütten ihm ihr Herz aus. Manche wollen nur Holstein und Lauenburg behalten und Schleswig den Dänen zurückgeben, aber da lassen wir nicht mit uns reden. Die Leute auf Sylt, Amrum und Föhr wollen Planungssicherheit. Die Weststrandhalle Sylt, »das nördlichste Café-Restaurant Deutschlands«, zeigt schon Flagge.[3]

---

3 Vergleiche dazu: »Die österreichische Küche im hohen Norden, die es in diesem Strandlokal zu kosten gibt, ist außergewöhnlich. Auch regionale Spezialitäten von der Nordseeinsel finden sich selbstverständlich auf unserer Karte, doch lassen sich hier eben in dieser Gegend rare Gerichte wie Kaiserschmarrn und Fritatensuppe schlemmen.« (www.reserviermich.de)

In einem Wiener Salon: Herr Pappik (rechts, mit Porzellanbecher), erklärt die Handhabung des Pharisäers. Wer acht davon schafft, darf den Becher behalten!

# Schwechat, mon amour!

Was bisher geschah: Sven und Richard haben in einem 2. Wiener Kongreß das Versöhnungswerk beendet. Wird der Hannes Eder das Ergebnis durchwinken? Und wo ist Hamburg-Heiner?

Mittwoch, 9.9.2009, 16.20 Uhr, Schwechat

Am Flughafen hinter der letzten Sicherheitskontrolle, beim Blick in die grauen Gesichter der Berlinreisenden an Gate B35: Erleichterung. Jetzt kann nichts mehr passieren. Herr Pappik schlägt vor, zur Entspannung die Gastro bei Gate B32 durchzutesten, da kommt eine uniformierte Geheimdienst-Hosteß daher und gibt vor, eine Umfrage durchzuführen.
Hosteß: Was ist Ihr Lieblingsflughafen?
Sven: Schwechat.
Hosteß: Und Ihre Lieblingsairline?
Sven: Was ist das denn für eine Frage?!
Hosteß: Also bittschön!
Sven: Die Niki natürlich, was denn sonst.
Hosteß: Soso, die Niki ...
Und damit ging sie. Das war knapp. Man will ja nicht das, was man in Wien mit den Händen aufgebaut hat, in Schwechat mit dem Arsch wieder einreißen.
In Berlin für den Nachhauseweg den Zille-Expreß genommen. Man gönnt sich ja sonst nichts!

Der Zille-Expreß: Des Preußen Fiaker!

# Rot ist backbord, und steuerbord ist grün!

**Was bis jetzt geschah:** Zurück aus Wien, nahmen Sven und Richard den Zille-Expreß nach Hause. Das Versöhnungswerk scheint getan. Aber wo ist Hamburg-Heiner?

Donnerstag, 10.9.2009, 15.10 Uhr, Berlin

Herr Pappik und ich saßen gerade im Prater-Biergarten und dachten darüber nach, ob wir später noch in die Vienna-Bar gehen sollten, als Hamburg-Heiner endlich anrief.
Sven: Hamburg, wo warst du?
HH: Seid ihr eigentlich wahnsinnig?
Sven: Wieso?
HH: Oder soll ich sagen: Bist deppat? Ist es schon so weit?
Sven: Was soll das denn jetzt? Und wieso hast du nicht angerufen, wie soll ich diesen Schwachsinnsblog weiterführen, wenn du nicht anrufst? Ich glaub sowieso, ich brech den jetzt ab. Die Sache mit dem ß ist prima gelaufen, Österreich ist versöhnt und wie das Leben eines Rockmusikers im Vorfeld einer Veröffentlichung verläuft, das interessiert doch sowieso ...
HH: Sven! Halt mal kurz die Luft an. Ich frag doch nicht, ob ihr wahnsinnig seid, weil du Kongreß mit ß am Ende schreibst. Oder Haß. Oder Uli Hoeneß.
Sven: Natürlich nicht.
HH: Ich sag dir, wo ich war und warum ich dich nicht anrufen konnte: Im Auswärtigen Amt war ich, und nicht freiwillig, und nicht oben beim Frank-Walter, sondern unten, im Keller, beim Krisenstab, wo die Handys nicht gehen, und ich sag dir mal, was die mir gesagt haben: Sagen Sie Ihrem Hobby-Gorbatschow, daß er seine unegalen Finger aus der deutsch-österreichischen Frittatensuppe nehmen soll, das haben die gesagt.
Sven: Wieso das denn?
HH: Weil du denen die ganze schöne jahrelange Arbeit zunichte machst. Jetzt kriegen die die ganzen Presseanfragen und diplomatischen Noten wegen Schleswig-Holstein und Sach-

sen und müssen alles dementieren und nur, weil du die Pappen nicht halten kannst!

Sven: Kein Problem, ich wollte sowieso mit dem Blog aufhören, mir doch egal, Schluß, aus, oder vielleicht sogar: Schluß, auß!

HH: Nix! Gerade jetzt mußt du weitermachen, das sagen die vom AA auch, wenn er jetzt nicht weitermacht, fliegt uns der ganze Laden um die Ohren, dann wollen die Bayern und die Hessen auch noch rübermachen, die sind doch so trendbewußt, und am Ende, haben die gesagt, geht auch noch das Saarland an die Franzosen flöten, und dann gute Nacht, Herr Strudl.

Sven: Das mit den Franzosen wäre ja nicht so schlimm, dann wären die Saarländer wenigstens noch in der Nato.

HH: Schluß jetzt. Schluß mit dem ganzen Versöhnungsschmäh, kein Königgrätz, keine Geopolitik mehr, keine harten Fakten, nur noch weiche Ziele ab jetzt!

Sven: Aber das mit Schleswig-Holstein, das war doch deine Idee!

HH: Schon, aber das wissen die ja im Auswärtigen Amt nicht.

Sven: Aber was soll ich denn sonst machen? Kochrezepte aufschreiben?

HH: Zum Beispiel. Du sollst was für dein Land tun, haben sie gesagt. Sagen Sie ihm, haben sie gesagt, daß er was für sein Land tun soll. Also ab jetzt: Tourismus. Du bist doch sowieso ab jetzt immer unterwegs, oder was?

Sven: Schon, aber ...

HH: Nix! Jetzt tust du mal was für dein Land, Sven. Österreich ist des Deutschen liebstes Urlaubsland. Du sollst nicht ruhen, bevor nicht auch Deutschland das liebste Urlaubsland der Österreicher ist.

Sven: Aber wie soll ich denn ...

HH: Die denken da unten doch, daß wir hier alle mit Pickelhaube rumlaufen und aushecken, wie wir ihnen das Burgenland wegnehmen können, bloß weil wir mehr Weiß- als Rotwein haben.

Sven: Ja nun, das stimmt ja auch. Aber gegen das österreichische Bundesheer haben wir natürlich keine Chance, das ist ein bißchen wie mit China und Taiwan.

HH: Ja, aber das soll jetzt mal nicht mehr dein Thema sein. Hast du die Kommentare zu deinem Blog gelesen?
Sven: Waren die schlimm?
HH: Natürlich. Die Leute sind anspruchsvoll, wenn sie was umsonst kriegen!
Sven: O weih! So schlimm?
HH: Ich kann dir sagen, ich bin froh, daß du da heil rausgekommen bist. Du bist doch rausgekommen, oder?
Sven: Ja, ich bin jetzt zwar im Prater, aber in Berlin. Also in Sicherheit.
HH: Okay, also die wollen, daß du den Österreichern dein Land erklärst.
Sven: Was jetzt, Deutschland?
HH: Hast du noch ein anderes?
Sven: Nein, natürlich nicht!
HH: Na also. Wo bist du in nächster Zeit unterwegs?
Sven: Hamburg, Bremen, Wuppertal, Köln, Saarbrücken, München …
HH: Das sind sechs Städte und fünf Bundesländer, das dürfte für den Anfang reichen.
Sven: Was soll man denn da schreiben?
HH: Alles. Sprache, Kultur, Weichbild, Geschichte, der ganze Scheiß. Aber bitte positiv. Nicht wie der Matthias Hartmann. Der könnte sich überhaupt vom Peymann mal eine Scheibe abschneiden.
Sven: Ja, der Peymann, den vermissen sie sehr in Wien, weil der immer so positiv war.
HH: Überall, den vermissen sie überall.
Sven: Wir schweifen ab. Tourismus, da hab ich keinen Bock drauf, Hamburg.
HH: Um Bock geht das nicht mehr. Hier ruft die Pflicht. Tu's für dein Land, Sven!
Und weg war er. Herr Pappik auch. Er kam aber zurück mit zwei Berliner Weiße mit Schuß, eine rot, eine grün.
»Zeit für ein bißchen Folklore«, sagte er.
Was würde man ohne ihn machen?!

Lebensfreude pur: Der Prater-Biergarten in Berlin!

# Versuch über Berlin

Was bisher geschah: Während Sven und Richard im Prater mit Praterpils und Krakauer die deutsch-österreichische Versöhnung feiern wollten, regnete es für Hamburg-Heiner Backpfeifen im Auswärtigen Amt. Ab jetzt haben die beiden Versöhnungssperre und müssen mit Tourismuswerbung alles wiedergutmachen.

Samstag, 12.9.2009, 7.08 Uhr, Berlin

Berlin ist die Hauptstadt von Deutschland und darüber hinaus aber für das Land von keiner großen Bedeutung. Die deutsche Industrie, die Banken, die großen Fernsehproduktionen, die Werbe-, Mode und Dienstleistungszentren sind alle woanders, Stuttgart, München, Frankfurt, Köln, Düsseldorf, Hamburg, aber auch Bielefeld, Gütersloh, Herford und Paderborn et al. haben in dieser Hinsicht mehr zu bieten, sowohl strukturell als auch von der schieren Masse her. Deshalb ist Berlin den Deutschen im Großen und Ganzen egal. Ein Umstand, der den Berliner nicht weiter kümmert, denn das Hauptlebensmotto in dieser liebenswerten, nicht unterzukriegenden Stadt heißt: Nicht mal ignorieren. Hier erfundenes Essen: Buletten, Döner, Bollenfleisch. Die Sprache hat viel Endemisches zu bieten: Das Weizenbrötchen heißt Schrippe, das Roggen-Weizen-Mischbrötchen aber Schusterjunge, der Berliner heißt Pfannkuchen und der Pfannkuchen Eierkuchen, das Butterbrot heißt Stulle, die es auch in der Version ohne Butter gibt als »Stulle mit Brot«. Stulle kann auch Adjektiv sein und heißt dann blöd. Ein adverbialer Gebrauch ist nicht zulässig. Freunde werden, wenn männlich, mit Keule oder Atze angesprochen, sehr gute Freunde auch schon mal mit Schrippe, aber das letztere ist rückläufig. Die Berliner glauben daran, daß sie nach dem Tod vom Zille-Expreß in den Zille-Garten am Alexanderplatz gebracht werden. Die Guten kriegen dann Schultheiß-Bier, die Bösen Zipfer. Die noch lebende Erwerbsbevölkerung beschäftigt sich zu einem Drittel mit der Buletten- und zu einem Drittel mit der Dönerproduktion, der Rest schneidet sich gegenseitig die Haare oder macht Avantgardekunst. Einwohnerzahl: dreieinhalb Millionen. Berühmte Berliner: Heinrich Zille. Wichtige Accessoires: Schnauz, Hund, Sandalen mit Socken (nur Sommer). Unvergessen: Michael aus Neukölln beim Sat1-Glücksrad 1993: »Ick löse uff: Der Zwerg reinigt die Kittel!« Wichtige Lieder: »Im Grunewald ist Holzauktion«, »Das ist die Berliner Luft« und »Ich hab noch einen Koffer in Königgrätz«. Partnerstädte: Paris, London, New York und Graz. Wappen: Bär. Bundesland: Berlin.

Der Zille-Expreß: Wen wird er diesmal holen?

# Landscape From Heaven

Was bisher geschah: Sven muß für sein Land sein Land beschreiben, aber Berlin spottet jeder Beschreibung. Wird eine Fahrt nach Hamburg neue Erkenntnisse bringen?

Samstag, 13.56 Uhr, ICE zwischen Berlin und Hamburg

Mit David Young im Zug unterwegs nach Hamburg – die anderen kommen mit dem Auto nach – um bei »Inas Nacht« im »Schellfischposten« in Hamburg-Altona zwei Lieder zu spielen und dazu Bier zu trinken. In der Nähe von Ludwigslust bricht David Young das Schweigen.
David Young: Are you still blogging away, Sven?
Sven: Yes. Like there's no tomorrow.
DY: Stark!
Sven: Yes.
Pause. Dann:
David Young: I'm a foreigner in this country just like the Austrians would be if they ever came.
Sven: Which they don't do.
DY: Bitter. For them. (Zeigt aus dem Fenster.) This is a beautiful landscape.
Sven: Auf jeden!
DY: The sky is great, too!
Sven: Right-ho!
DY: Bit flat maybe.
Sven: Tiny notch.
DY: But the flatness of the landscape gives the clouds a strong effect.
Sven: Definitely.
DY: It's a landscape that reminds me of a quiet, stunned audience listening to a long, weary sermon held by an alkoholic priest in a little church in Devon.
Sven: I will tell them. They will like that.
DY: Tell them we are sorry for Waterloo.

Sven: But that was not against them, that was against the French.
DY: I know!

Norddeutsche Tiefebene bei Ludwigslust: The flatness of the landscape gives the clouds a strong effect.

# Hier bei der Arbeit

Was bisher geschah: In einer gewaltigen Anstrengung und mit hohem logistischen Aufwand begibt sich die Band Element of Crime nach Hamburg, um bei Inas Nacht ins erste Programm zu kommen. David Young erlaubt sich darauf hinzuweisen, daß die Norddeutsche Tiefebene eine wolkenaffine Veranstaltung ist.

Samstag, 12.9.2009, 21.03 Uhr, Hamburg-Altona

In diesem Moment zeigt Jan Josef Liefers bei Inas Nacht, wozu die Sachsen imstande sind. Dazu singt der Shantychor Wilhelmsburg. So schön wie hier kann's im Himmel gar nicht sein. Da klingelt das Handy. Gut, daß wir jetzt noch nicht dran sind: Es ist der langerwartete Anruf von Hamburg-Heiner.
Sven: Hier bei der Arbeit.
HH: Was ist das denn für eine bescheuerte Art, sich am Telefon zu melden?
Sven: Das hat Busfahrer Udo immer gesagt.
HH: Und deswegen ist das okay, oder was?
Sven: Natürlich. Er hat auch immer gesagt: Fährst du los mit Neoplan, kommst du an mit Bundesbahn.
HH: Das heißt nicht mehr Bundesbahn.
Sven: Ich weiß. Wir sind ja mit dem Zug gekommen. Wo bleibst du denn?
HH: Ich kann aus Wilhelmsburg nicht weg, muß erst noch die Deiche inspizieren.
Sven: Ist dir eigentlich klar, was ich anstellen mußte, damit du hier auf der Gästeliste stehst?
HH: Steh ich sowieso, beim Shanty-Chor Wilhelmsburg. Deshalb ruf ich an. Ich mach mir Sorgen, daß die sich erkälten.
An dieser Stelle muß man sagen, daß die Männer vom Shanty-Chor »De Tampentrekker« aus Wilhelmsburg bei dieser Sendung immer draußen vor der Tür stehen und von dort aus durch ein Fenster in den »Schellfischposten« hinein je nach Lust und Laune immer mal wieder eins von zwei Liedern anstimmen:

1. einen kurzen Ausschnitt aus dem Lied »Moskau« von der Gruppe Dschinghis Khan mit einem anderen Text, nämlich: »Heute ham wir viel gelacht, denn wir sind bei Inas Nacht, Hahahahaha!« (hoffentlich haben die das mit Leslie Mandoki geklärt ...)
und
2. den Shanty »What Shall We Do With The Drunken Sailor«.
Sven: Wieso sollten die sich erkälten? Die haben doch Heizpilze.
HH: Dann ist ja gut. Die vom AA sagen übrigens: Weiter so. Klaus Wowereit sagt: Schöne Grüße und vielen Dank auch. Er hat bloß ein bißchen Angst, weil dann jetzt so viele Österreich-Touristen kommen, daß sie mit der Buletten-Produktion nicht nachkommen.
Sven: Soll ich so was auch über Hamburg machen?
HH: Auf jeden.
Sven: Ist das mit Fips Asmussen abgestimmt?
HH: Aber immer!

**Versuch über Hamburg**
Die Hamburger lieben ihre Stadt mehr als alles andere auf der Welt und sie führen dafür viele gute Gründe an: Hamburg hat mehr Brücken als Venedig, mehr Sonnentage als Rom, mehr Grachten als Amsterdam, mehr Hotdogs als New York, mehr Autonome als Kreuzberg, die Luft ist frischer als frisch, das Bier schlimmer als Schultheiss und in St. Pauli gibt es mehr Puffs als in ganz Ostwestfalen-Lippe. Der Hamburger hat mehr Sex als der Münchner, seine Cabrios sind offener, seine Frauen blonder, seine Rockmusiker schlauer und die Currywurst wurde auch hier erfunden. Andere endemische Gerichte: »Birnen, Bohnen und Speck«, »Aalsuppe« und »Schweinshaxe mit Kraut«. Das Brötchen heißt Rundstück, die Anreißer vor den Puffs heißen Koberer, die Mädchen Deerns, klein ist lütt, der Elbsegler ist eine Mütze und Folklore wird großgeschrieben. Die Erwerbsbevölkerung arbeitet zu einem Drittel in der Werbung und zu einem Drittel in der Aalsuppenproduktion,

der Rest singt in Shanty-Chören und organisiert Hafenrundfahrten. Einwohnerzahl: ca. 1,8 Millionen. Berühmte Hamburger: Johannes Brahms, Fips Asmussen, Hamburg-Heiner. Berühmte Hamburger, die eigentlich keine sind: Udo Lindenberg, Fritz Honka. Berühmte Hamburger, die eigentlich Wiener sind: Freddy Quinn. Der Bezirk Altona war bis 1938 eine eigene Stadt und wurde als Teil des Herzogtums Holstein von 1864 bis 1866 von Österreich verwaltet. Bekannte Hamburger Lieder: »In Hamburg an der Elbe«, »Ick heff mol en Hamborger Veermaster sehn« und »Unser Königgrätz heißt Langensalza«. Partnerstädte: Poppenbüttel, Buchholz (Nordheide), Pinneberg, Graz. Wappen: Tor. Bundesland: Hamburg.

Blick vom Schellfischposten über die Elbe nach Wilhelmsburg. Von hier aus werden Shanty-Chöre in die ganze Welt verschifft.

# Twitter mit Bild

Was bisher geschah: Während Hamburg-Heiner in Wilhelmsburg die Deiche inspiziert, warten Element of Crime in Altona vor dem Schellfischposten auf ihre Shanty-Chance. Busfahrer Udo ist schon lange nicht mehr dabei, aber sein Geist schwebt noch über den Wassern.

Montag, 14.9.2009, 11.37 Uhr, Autobahn zwischen Hannover und Bremen

Der Bus (eigentlich: Nightliner) fährt eine scharfe Rechtskurve. Gut, daß jetzt nicht Busfahrer Udo am Steuer ist.

Scharfe Rechtskurve am Autobahndreieck Walsrode: Busfahrer Udo hätte hier noch eine Schippe draufgelegt!

# Königgrätz? Nie gehört!

## Was bisher geschah: Scharfe Rechtskurve am Autobahndreieck Walsrode. Das war knapp!

Montag, 14.9.2009, 22.34 Uhr, Bremen

An der Weser ist Party und im »Zentrum für Medienkompetenz«, wie hier das Gebäude von Radio Bremen heißt, auch. Froh, daß ich das Radiokonzert ohne große Textausfälle durchgestanden habe (kein Teleprompter bei Radio Bremen, hier wird ehrlich performt!), werde ich im Gewühl von den anderen abgetrieben. Dann, mitten im Gedränge: Hamburg-Heiner.
Sven: Heiner! Du hier!
HH: Habt ihr schon gespielt?
Sven: Ja.
HH: Wie war's?
Sven: Das war super, die Leute sind hier alle unglaublich ...
HH: Ja, ja, das kannst du dann deinem Friseur erzählen, Sven.
Sven: Aber du hast doch ...
HH: Paß auf, ich muß gleich wieder los, ich soll dir nur sagen, daß die Leute vom AA zufrieden sind. Die Österreicher fallen in Scharen in Berlin und Hamburg ein und jetzt stehen die deutschen Bürgermeister Schlange, die wollen alle, daß du ihre Stadt beschreibst.
Sven (geschmeichelt): Naja, ich schreibe aber ja nicht objektiv, nur die Sachen, die die Österreicher interessieren könnten, Sprache, Essen, Lieder, Königgrätz ...
HH: Das mit Königgrätz solltest du mal lieber lassen, Sven, die kommen jetzt zwar alle, aber sie sind irgendwie auch megaaggro und bringen außerdem ihr eigenes Essen mit, das ist wirtschaftlich dann nicht so toll.
Sven: Dann sollte ich vielleicht doch lieber aufhören?
HH: Nein, Sven! Weitermachen! Aber ohne Königgrätz. Kein Salz mehr in alte Wunden.

Sven: Bremen auch? Ich bin da irgendwie befangen, schließlich bin ich hier ... ich meine ...
HH: Bremen zählt auf dich, Sven. Die Bremer wollen es und sie wollen es jetzt.
Sven: Bist du sicher? Ich meine, ich schreibe ja nicht objektiv, nur die Sachen, die die Österreicher interessieren ...
HH: Deine Haare sind zu lang, Sven!

**Versuch über Bremen**
Bremen (ital. Brema, franz. Brême) verdankt seinem Namen durchreisenden Spaniern, die die lange Zeit namenlose Stadt »La Suprema« tauften. Bremen gehört nicht nur zum kleinsten der deutschen Bundesländer, sondern auch zum einzigen Bundesland, das aus zwei nicht direkt miteinander verbundenen Teilen besteht (Bremen und Bremerhaven), hierin dem österreichischen Bundesland Tirol ähnlich, wie in allen anderen Dingen eigentlich auch. Der Bremer feiert gerne (Freimarkt, Catchweltmeisterschaft, 6-Tage-Rennen) und hat den Fun Punk erfunden (Fabsi, Weser Label, Mimmi's). Er besitzt im Durchschnitt pro Kopf zwei Fahrräder und drei Regenschirme. Das Brötchen heißt hier Brötchen, der magere Speck gestreifter Speck und der Bürgermeister Koschnick. Die Erwerbsbevölkerung arbeitet zu einem Drittel bei Daimler Benz und zu einem Drittel in der Tierfutterproduktion (Vitakraft). Der Rest bringt gerade die Flaschen zurück. Einwohnerzahl: etwa 580.000. Der Wiener Dichter H. C. Artmann schrieb über Bremen: »In Bremen bin ich ein Regentropfen.« Endemisches Essen: Bremer Pinkel, Knipp, Bremer Kluten. Die Landesflagge ist der österreichischen Flagge nachempfunden, nur mit mehr Streifen, weshalb sie auch Speckflagge genannt wird. Unter Napoleon gehörte Bremen eine Zeitlang zu Frankreich. Im deutsch-deutschen Krieg von 1866 kämpften die Bremer auf preußischer Seite, ihre Abteilung kam aber wegen einer vorgezogenen Siegesfeier nur bis Nienburg a. d. Weser. Die Band Dimple Minds (»Blau aufm Bau«) kommt nur zum Teil aus Bremen (Huchting), zum anderen Teil aus dem ganz in der Nähe gelegenen Delmenhorst. Berühmte Bremer: Claus Peymann, James Last. Berühmte Bre-

mer, die keine sind: Bremer Stadtmusikanten, Fabsi. Berühmte Bremer, die eigentlich Grazer sind: Otto Wanz. Bekannte Bremer Lieder: »An der Nordseeküste«, »Deutscher Meister wird der SVW«, »Königgrätz liegt an der Weser«. Partnerstädte: Amsterdam, Dublin, Las Vegas, Graz. Wappen: Schlüssel. Bundesland: Bremen.

Weser in Bremen bei Nacht. Hier ist immer Party!

# »Reden Sie!«

Was bisher geschah: In Bremen war wie immer Party und Hamburg-Heiner mittendrin. Sven muß weitermachen mit der Deutschlandwerbung, darf aber Königgrätz nicht mehr erwähnen. Ein Radiokonzert in Wuppertal (WDR 2) soll alles richten. Aber was ist am Morgen danach?

Mittwoch, 16.9.2009, 4.45 Uhr, Wuppertal

Der Morgen nach dem Wuppertaler Radiokonzert: Der Wecker klingelt. Gleich kommt das Auto, das mich zusammen mit Herrn Strudl von der Universal (Name geändert) nach Köln ins Frühstücksfernsehen bringt. Hamburg-Heiner ruft nicht an. Die Landschaft um mich herum erinnert an das Burgenland, dabei ist es das Bergische Land. Das hat etwas Psychedelisches, Parallelwelthaftes, wie früher Westberlin und Ostberlin. Aber für solche Gedanken ist jetzt keine Zeit.

**Versuch über Wuppertal**
Wuppertal liegt im lieblichen Tal der Wupper mitten im Bergischen Land und ist weltberühmt für seine 1901 von der Firma MAN (Busfahrer Udo: »Murks Aus Nürnberg«) konstruierte Schwebebahn, die sich direkt über der Wupper auf gespreizten Beinen dahinschlängelt und die beiden wichtigsten Stadtteile, Elberfeld und Barmen, miteinander verbindet und versöhnt. Wuppertal ist schön grün, hat eine feine Altbaustruktur und ein weltbekanntes Tanztheater. Typisches Essen: Schwarzbrot, Weißbrot, Graubrot. Die Straßenbahn gilt seit 1987 als abgeschafft. »Über die Wupper gehen« ist ein anderer Ausdruck für sterben. Die Wuppertaler glauben, daß sie nach dem Tod von einer Schwebebahn abgeholt werden, die *quer* zur Wupper fährt. Ein Drittel der Erwerbsbevölkerung arbeitet bei Bayer, ein Drittel bei der Barmer Ersatzkasse, und der Rest macht Ausdruckstanz. Einwohner: ca. 350.000. Berühmte Wuppertaler: Johannes Rau (»Versöhnen statt spalten«!), Friedrich En-

gels, Horst Tappert (»Reden Sie!«). Berühmte Wuppertaler, die keine sind: Pina Bausch. Beliebte Wuppertaler Lieder: »Elberfeld olé«, »Super Barmen« und »Es geht eine Schwebebahn nach Eisenstadt«. Partnerstädte: Eisenstadt. Wappen: Löwe. Bundesland: Nordrhein-Westfalen.

Murks Aus Nürnberg.

# Katholische Praxis am Dom

Was bisher geschah: Früh kam das Taxi zum Frühstücksfernsehen, aber das liegt ja wohl auch in der Natur der Sache. Aber wo bleibt der Anruf von Hamburg-Heiner? Und wird es gelingen, den Geist von Busfahrer Udo wieder in die Flasche zu stopfen?

Donnerstag, 17.9.2009, 18.15 Uhr, Berlin

Offtag. Erst spät in der Nacht geht es wieder auf den Bus und nach München. Aber das wird eine andere Geschichte sein. In diesem Blog wird München keine Rolle spielen. Mit München muß man niemanden versöhnen, denke ich gerade, schon gar nicht die Österreicher, München hat den Österreichern viel Gutes beschert, es hat ihnen Lothar Matthäus gegeben und Senta Berger genommen, da brennt nichts mehr an zwischen München und Österreich, da ist jede Versöhnungsarbeit nur das Prügeln einer Animositätsleiche, von der niemand weiß, ob sie überhaupt je gelebt hat. Da klingelt das Telefon und Hamburg-Heiner ist dran.
Sven: Hamburg, ich mag nicht mehr. Ich bin durch. München mach ich nicht, die sind auch immer so sensibel da, außerdem sind die fremdenverkehrsmäßig 1a aufgestellt und …
HH: Ruhig, mein Freund, dieser Blog scheint dich ja ziemlich mitzunehmen.
Sven: Dieses Blog heißt es eigentlich, das wollte ich schon immer mal sagen.
HH: Man muß mit der Zeit gehen, mein Freund.
Sven: So wie du immer »mein Freund« sagst, klingt das irgendwie nach schlechter Nachricht.
HH: Es gibt keine schlechten Nachrichten, es gibt nur falschen Optimismus, mein Freund.
Sven: Aber dies wird für den Standard mein letztes Posting sein.
HH: Falsch. Dies wird für den Standard dein letzter Eintrag sein. Bei den Österreichern sind die Postings das, was bei uns Kommentare heißt. Und da geht sicher noch einiges.

Sven: Vor allem, wenn erst mal der Pornospam dazukommt, der kommt nämlich erst, wenn keiner mehr aufpaßt, dann bricht der Pornospam da ein und plötzlich gibt es da 20.000 Kommentare und keiner davon bezieht sich mehr auf Königgrätz.
HH: Was wir nicht mehr erwähnen wollten. Was wir aber hätten erwähnen sollen und was mich traurig macht, daß es vergessen wurde: Andreas Herzog.
Sven: Der Andi!
HH: Ja. Das wäre der andere berühmte Bremer gewesen, der eigentlich Wiener ist. Wie konnte dir als Bremer das passieren?
Sven: Auf Fußball habe ich mich irgendwie überhaupt nicht konzentriert, den habe ich eigentlich bewußt außer acht gelassen, weil das weiß ja jeder, daß wir da gegen die Österreicher keine Chance haben.
HH: Auch wieder wahr.
Sven: Das muß jetzt auch bald mal vorbei sein, ich krieg schon Freudsche Verleser, diese Österreichsache macht mich ganz wuschig. Gestern morgen in Köln hatten die so ein Werbeschild für eine »Kardiologische Praxis am Dom«, und weißt du, was ich gelesen habe?
HH (gähnt): Nein, irgendwie nicht.
Sven: »Katholische Praxis am Dom«. Tu dir das mal rein.
HH: Sehr interessant. Und auch wünschenswert. Und paßt gut zu dem, was ich dir sagen soll: Köln muß noch mit rein.
Sven: Wieso Köln?
HH: Alles, was du bis jetzt gemacht hast, waren Städte nördlich der Benrather Linie, da brauchen wir wenigstens eine Stadt aus den sprachlichen Übergangsgebieten.
Sven: Wie bist du denn jetzt drauf? Was hat das denn damit ...
HH (unbeirrt): Außerdem waren diese Städte alle protestantisch. Das hatte jetzt alles einen ziemlich norddeutschen Einschlag, mein Freund.
Sven: Na gut, aber bei Heimito von Doderer heißt es ja auch, daß der Norddeutsche dem Wiener »konsolidiert fremd« sei, da ist ja klar, wo der Versöhnungsgedanke als Brechstange angesetzt werden muß, um überkommene Feindschaften aus den Angeln zu heben.

HH: Achtung, Sven, Metaphernfalle. Finger weg. Versuch es mit Köln und über den katholischen Ansatz, daß die Österreicher nicht am Ende denken, wir seien alle evangelisch in Deutschland.
Sven: Aber in Berlin ist das doch auch immerhin fifty-fifty mit katholisch und protestantisch!
HH: Ja, aber fifty-fifty, da stehen die Österreicher nicht drauf, Sven. Die scheißen auf die Ökumene. Deshalb ist ja Köln so wichtig.
Sven: Aber dann ist Schluß?
HH: Dann ist Schluß. Und dann darfst du Schluss auch wieder mit Doppel-s schreiben, wie es neuerdings modern ist.
Sven: Ich bin eigentlich dagegen. Genau wie der Rafik Schami. Der liebt auch die Ligatur.
HH: Rafik Schami ist ein feiner Kerl, und du, Sven, sollst nicht ablenken! Köln! Und mach's schön katholisch.

**Versuch über Köln**
Köln ist eine Stadt, die von ihren Bewohnern abgöttisch geliebt wird. Gegen die Kölner Heimatliebe ist die Hamburger Hamburgbeweihräucherung der pure Selbsthaß. Als Nichtkölner etwas über Köln zu schreiben und gar zu veröffentlichen, das ist wie das Spielen mit Nitroglyzerin. Ich bin doch nicht bescheuert! Nur soviel: Köln ist gut katholisch und liegt leicht südlich der Benrather Linie. Endemisches Essen: Himmel un Ääd. Die Sprache, die hier gesprochen wird, heißt Kölsch (vgl. Bap, Brings, Bläck Fööss et alteri). Das Bier, das man hier trinkt, heißt auch Kölsch. Ein Drittel der Erwerbsbevölkerung beschäftigt sich mit der Herstellung von Kölnisch Wasser, ein anderes Drittel spielt in Kölsch-Rock-Bands. Der Rest bereitet den Karneval vor. Einwohner: knapp eine Million. Hier hat niemand eine Meinung zu Königgrätz etc., weil Österreich nicht in Köln liegt und deshalb unbekannt ist. Allerdings liegt mitten in Köln und gleich beim Dom die Bäckerei Metternich. Berühmte Kölner: Willi Millowitsch. Berühmte Kölner, die keine sind: Alice Schwarzer. Berühmte Kölner, die eigentlich Wiener sind: Toni Polster. Beliebte Kölner Lieder: Mer losse d'r Dom

en Kölle, Viva Colonia. Wappen: Flammen und Kronen. Bundesland: Nordrhein-Westfalen.

HH: Das war's dann ja wohl.
Sven: Auf jeden.
HH: In Hamburg sagt man tschüß.
Sven: Mit ß, weil nämlich nach langen Vokalen und Diphtongen auch heute noch das ß geschrieben werden muß. Tschüss mit kurzem ü sagt man eher in Westfalen.
HH: Ist alles nicht so schlimm. Es wird ein ß sein und mir wern nimmer sein.
Sven: Sollte man noch erwähnen, daß »tschüß« von adieu kommt und in Köln »Tschöö« ausgesprochen wird?
HH: Auf jeden!
Sven: Dann sagen wir jetzt leise Servus.
HH: Auf jeden!
Sven: Keine langen, sentimentalen Abschiedsreden.
HH: Auf keinen!
Und dann legt er auf.

Bäckerei Metternich in Köln. Zweiter von rechts: Herr Strudl von der Universal.

# VII
# Die-letzte-U-Bahn-geht-später-Blog

laut.de

Zeitraum: 18.9.2009 bis 29.9.2009

# Das Telefonat als Dixielandfrühschoppen

18.9.09, Freitag, München

9.13 Uhr
Heute erscheint das neue Album von Element of Crime. Deshalb wurde hier in München das Oktoberfest in den September verlegt. Das ist sicher lieb gemeint, führt aber dazu, daß unser Hotel in Unterschleißheim steht. Der Nightliner wiederum muß nach der langen Übernachtfahrt vor dem Atomic Café stehenbleiben, weil der Fahrer seine Ruhezeiten einhalten muß. Early Check-in im Hotel: Nicht mit uns. Mißmutige Männer schleichen auf der Suche nach Kaffee und Karin in der Maximilianstraße herum.

14.13 Uhr
Im Café Brenner aus sicherer, quasi nicht einsehbarer Ecke heraus die Lampen betrachtet. Die sind aber auch interessant. Da klingelt das Telefon. Es ist Hamburg-Heiner.
Hamburg-Heiner (HH): Hör mal mit der Twitterei auf, das nervt ja.
Sven: Wieso Twitterei? Das ist 1a Blogstoff.
HH: Nix, das ist Twitterei ganz unten. Wir wollen doch die Regeln einhalten. Auch die des guten Journalismus: Wer, wo, wann, wie, warum, das sind die Fragen.
Sven: Element of Crime, München, heute, gesund und munter, Spezial-Gig im Atomic Café, Karten verlost über einen Internetbuch- und -plattenhändler. Aber ich habe mit Journalismus nichts am Hut.
HH: Quatsch, wer bloggt, ist Journalist.
Sven: O Mann, das hätte mir doch einer sagen können. Und wenn ich wie immer die Kommentare nicht lese, bin ich dann auch noch Journalist?
HH: Das ist egal. Aber: Ist das nicht ein bißchen nuttig so mit Internetbuch- und -plattenhändler?
Sven: Vielleicht, aber nicht so nuttig wie mit Taxofit auf dem Hemdkragen. Vor allem aber ist Internetbuch- und -platten-

händler eine gewagte Konstruktion, auch optisch, also so von der typografischen Anmutung her, Internetbuch- und -plattenhändler, und dann muss man noch aufpassen, dass die automatische Anpassung im Textverarbeitungsprogramm einem aus dem Binde- keinen Spiegelstrich macht.
HH: Weißt du, was ich an den Telefonaten mit dir so mag?
Sven: Nein.
HH: Dass sie mir immer vor Augen führen, in was für einer heilen Welt wir leben. Ein Telefonat mit dir ist ein bisschen wie ein Dixielandfrühschoppen oder eine Runde Minigolf. Was soll dieser Blog bringen, hast dir schon was überlegt?
Sven: Nein. Der Standardblog hat mich ausgelaugt, was Botschaften und Ziele betrifft. Dieser Blog ist Kunst, er soll einfach nur sein.
HH: Das ist Quatsch.
Sven: Ja, aber es klingt gut. Das ist hier laut.de, Hamburg, da geht's um Rock 'n' Roll, und deshalb kommen hier Nightliner vor und Soundchecks und Charts und so.
HH: Echt?
Sven: Ja. Gleich ist Soundcheck.
HH: Ich glaub, ich leg jetzt mal auf, bevor ich ins Wachkoma falle.

Und weg ist er. Wenn man ihn am nötigsten braucht, geht er immer seinen Kaktus gießen.

Nightliner vor dem Atomic Café: Das größte Wohnmobil vom ganzen Oktoberfest.

Die Lampen vom Café Brenner: keine zwei Kugeln auf gleicher Höhe.

Atomic Café am frühen Nachmittag.

## Die Frauen quietschen und Fritz Wepper kriegt im Gewühl was auf die Omme

19.9.09, Samstag, Unterschleißheim/München

10.16 Uhr, Unterschleißheim
Den Blick aus dem Hotelfenster in Unterschleißheim bringt es an den Tag: Unterschleißheim ist nicht München. Das ist aber im Rock 'n' Roll Brot und Butter. Wenn man einen Nightliner von 16 bis 18 Metern Länge vor dem Hotel parken will, findet man sich schnell in den Gewerbegebieten der Vororte wieder, als Made im Speckgürtel quasi, als Paradiesvogel im Vertreterschließfach, als vergessener Insasse eines möglichst weit von den übrigen Hotelgästen entfernten Punkertrakts, wo die Minibars leer und die Fernseher festgeschraubt sind.

12.00 Uhr, Unterschleißheim
Zwischen dem ersten und dem zweiten Schlegelschlag des anzapfenden Münchner Oberbürgermeisters klingelt das Telefon: Es ist Hamburg-Heiner.
HH: Sven, hör auf, diesen Folklorequatsch zu gucken und sag lieber, wie es gestern gelaufen ist.
Sven: War gut. Aber der Ude ist auch gut, zwei Schläge und das Ding ist drin.
HH: Quatsch, das ist nicht gut, das ist fade. Fünf, sechs Schläge und mit Rumspritzen und Einsauen und die Frauen quietschen und Fritz Wepper kriegt im Gewühl was auf die Omme, das ist gut.
Sven: Stimmt. Gestern war der Upstart da.
HH: Der Upstart, ehrlich? Wie ist der denn da hingekommen.
Sven: Der hat bei der Verlosung vier Karten gewonnen.
HH: Mal ehrlich, ist das denn richtig, Konzerte zu spielen, deren Tickets von einem Internetbuch- und -plattenhändler verlost werden?
Sven: Was soll daran falsch sein? Es schadet ja niemandem. Und der Upstart zum Beispiel, der hat vier Karten gewonnen und

dann hat er zwei verschenkt und noch einen Kumpel eingeladen, das ist doch auch gut fürs Karma.
HH: Ja, wenn's gut für den Upstart ist, dann kann es nicht schlecht sein.
Sven: Eben.
HH: War wirklich der Upstart da?
Sven: Christian Komorowski hat ein Foto gemacht, sehr eindrucksvoll.
HH: Stark.
Sven: Auf jeden!
HH: Und jetzt mach den Fernseher aus und sieh zu, daß du nach München kommst, dieses Unterschleißheim-Ding macht mich krank, Sven
Und damit legte er auf.

13.25 Uhr, München
Im Biergarten am Augustiner-Keller. Halbe Haxe und ganze Maß. Wenn schon, denn schon ...

Blick aus dem Hotelzimmer in Unterschleißheim: Der Turm gehört nicht zur Frauenkirche!

Beweisfoto von Christian Komorowski.

Das Eisensteinsche Montageprinzip sichtbar machen: Das soll der Sinn dieses Fotos sein.

Anhand dieses Fotos ist das Eisensteinsche Montageprinzip nicht besonders gut erklärbar.

# Mythos Nightliner

20.9.2009, Sonntag, Unterschleißheim/Saarbrücken

7.10 Uhr, Unterschleißheim
Große Aufregung im Frühstücksraum: Wo sind R. Pappik und Chr. Komorowski, wollen die etwa nicht mit nach Saarbrücken? Dann Erleichterung: Sie sind schon im Bus und warten die ganze Zeit auf uns. Vorbildlich.

7.11 Uhr, Unterschleißheim
Der Bus fährt los, das Telefon klingelt.
Hamburg-Heiner: Das heißt nicht Bus, das heißt Nightliner. Und hör auf, immer von diesem Scheiß-Nightliner zu erzählen, das ist ja peinlich. Wo bleibt denn da die Kunst?
Sven: Kunst kann man nicht erzählen, Hamburg. Und der Nightliner, ich meine, das ist doch einer der ganz großen Rock-'n'-Roll-Mythen...
HH: Quatsch. Was soll daran ein Mythos sein?
Sven: Ich habe mal in den 90ern etwas über eine Band gelesen, deren Namen ich jetzt nicht sage, jedenfalls sollten die die einzelnen Songs ihrer zweiten Platte kommentieren, und bei jedem Song, ich meine wirklich: bei jedem, hieß es: »Das ist ein Song, den ich im Nightliner geschrieben habe« oder »Das Lied handelt von jemandem, der im Nightliner sitzt und aus dem Fenster guckt« usw., ich meine ...
HH: Ja, aber die hatten keine Chance, die waren bei George Glück unter Vertrag. die mussten an jeder Milchkanne spielen und durften nur einmal im Monat ins Hotel.
Sven: Wenn überhaupt.
HH: Ist Geschmackssache.
Sven: Ja, aber ich glaube, denen hat das ganz gut gefallen.
HH: Da muss jeder nach seiner eigenen Façon selig werden.
Sven: Da sagst du was, Hamburg.
HH: Also Schluss damit. Wieso seid ihr noch immer in Unterschleißheim?

Sven: Jetzt nicht mehr, wir sind gerade am Aldi vorbei und biegen auf die Autobahn nach Saarbrücken.
HH: Ihr habt ein Leben!
Sven: Aber immer.
HH: Also, was habt ihr gestern gemacht, ihr wart doch wohl nicht auf der Wiesn?!
Sven: Nein, ohne Dirndl kommt man da nicht rauf. Wir waren bei Bayern 2 und haben ein Radiokonzert gespielt. Und der Ruben Hanne war da!
HH: Echt?
Sven: Ja. Und der Thomas Bohnet.
HH: Nein!
Sven: Doch. Und der Peter Meisel!
HH: Ich glaub's nicht.
Sven: Und der Kempterpeter wäre auch dagewesen, aber als er kam, war die Gästeliste schon nicht mehr beim Pförtner.
HH: Verdammt! Dieser Kempterpeter!
Sven: Mein Reden!
HH: Schönes Konzert gehabt?
Sven. Ja.
HH: Eigenlob stinkt, Sven!
Und weg war er. Draußen raste links und rechts vom Nightliner die Landschaft vorbei. Aber eigentlich war's natürlich umgekehrt.

13.45 Uhr, Saarbrücken
David Young sagt nach einem langen Blick aus dem Fenster, dass rein landschaftlich und vom Weichbild her Saarbrücken wie Nashville rüberkommt.

Mythos Nightliner (1): Hinter der Tür ist die Bongohölle.

Mythos Nightliner (2): In der Bongohölle.

Der Stoff, aus dem die Lieder sind: Blick aus dem Fenster eines Nightliners.

Saarbrücken: Nashville lässt grüßen!

# Die IFA als Fleischmühle der Popmusik

20.9.2009, Sonntag, 17.20 Uhr, Saarbrücken

Im Saarländischen Rundfunk: Reiseleiter Jäki Hildisch hat alles im Griff. Christian Komorowski spielt die schönsten Melodien aus Saturday Night Fever. Der Nightliner wird derweil draußen langsam aber sicher unter herabfallenden Eicheln begraben. Der Saarländische Rundfunk hat auf seinem Gelände viele schöne alte Bäume, ein sehr schönes modernes Gebäude und außerordentlich viele nette Leute, zumal für einen Sonntag. Man muss überhaupt mal dies sagen: Wir sind seit Anfang der Woche unterwegs und spielen Radiokonzerte für Bremen Vier, WDR 2, Bayern 2 und heute eben für SR 1, und besser, freundlicher, respektvoller als bei diesen Aktionen sind wir selten behandelt worden. Da klingelt auch schon das Telefon.
Hamburg-Heiner: Kann ich nicht zulassen, so was.
Sven: Wieso, das kann man doch mal sagen. Wenn es doch stimmt.
HH: Ja, aber das gibt dem Blog irgendwie so einen ernsten, realistischen Drift, freundlich und ein bisschen sentimental auch, das geht so nicht. Ein Blog muss ungerecht, verlogen und böse sein, oder das bringt alles nichts.
Sven: Böse bist du doch, das war doch so vereinbart, dass wenn, dann du der Böse bist.
HH: Erst mal bin ich der Unbestechliche und stelle die Fragen zu den Punkten, wo's weh tut: Spielt ihr auch einigermaßen anständig?
Sven: Um anständig geht es nicht, Hamburg, es geht um Schönheit und Abenteuer, um Sex und Alkohol und natürlich um Straßenbahnen, denn das ist ja bekannt, dass die Straßenbahnmetapher die urbanste aller ÖPNV-Metaphern überhaupt ist. Wir geben jedenfalls unser Bestes.
HH: Macht ihr da auch kein Playback oder so was, ihr Schlingel?

Sven: Nein, das ist teilweise schon leicht haarig das Gegenteil. Aber Playback im Radio gab es endemischerweise immer und überhaupt sowieso nur früher auf der IFA, wüsste ganz gerne mal, ob die da so was immer noch machen.
HH: Auf der IFA? Playback im Radio?
Sven: Ja, hat Julian Dawson mal erzählt, Ende der 80er, als wir den auf der IFA getroffen haben, damals musste man als Polygram-Künstler immer auf die IFA, als Prüfung und Strafe zugleich. Im Wesentlichen machte man da Fernseh-Playbackauftritte, da brauchten sie für ihre Sendungen von der IFA ständig irgendwelche Musiker, egal wen, egal was, deshalb liefen die da alle rum, das war für die Promoter ein Schlachtfest! Und Julian Dawson lief uns über den Weg und erzählte, dass er gerade als ultimative Demütigung Playback im Radio gemacht hatte, und wir sagten: Wie geht das denn, und er sagte: Ich stand an einem Radiostand und machte Playbackshow zu einem Song, den sie von mir spielten und das war Teil des Radioprogramms.
HH: Wenigstens haben sie ihn auf diese Weise mal im Radio gespielt.
Sven: Das wird sich sein Radiopromoter auch gedacht haben. Die Promoter waren ja alle schmerzfrei damals, bloß Julian Dawson nicht, der fand das nicht so gut, aber für das Musikerglück war die IFA nicht gedacht.
HH: Der Musiker war damals ja im wesentlichen Kanonenfutter in der Promoschlacht.
Sven: Auf jeden. Vor allem auf der IFA. Die IFA war die Fleischmühle der Popmusik.
HH: Jetzt wird mir auch klar, warum Julian Dawson irgendwann um 2000 herum eine Platte namens »Live im Radio« rausgebracht hat.
Sven: Ja, das war dann wohl irgendwann fällig.

Montag, 01.35 Uhr, Nightliner

Vollsperrung bei Pirmasens. In der Bongohölle brennt noch Licht.

Fels in der Brandung: Jäki Hildisch.

Im Sendesaal des SR.

Die grüne Hölle von Saarbrücken!

Die rote Farbe ist Programm: Schlachtfest für Promoter.

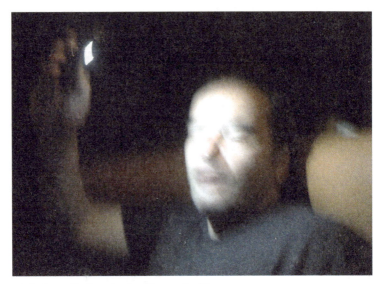
Lichtinstallation in der Bongohölle.

# Offtag

Dienstag, 22.9.2009

Offtag.

Metapher? Allegorie? Symbol? Als eins dieser drei Dinger steht dieser leere Karton für den Offtag.

Mit diesem Schalter wird der Offtag an- und ausgeknipst.

Diese fröhlichen Strategen kennen keinen Offtag!

# Versuch über den Offtag

Ein echter Offtag ist ein freier Tag mitten in der Tournee. Ein falscher Offtag ist zum Beispiel einer von einem Blogger aus Faulheit behaupteter Offtag, der in Wirklichkeit einer von drei freien, zu Hause verbrachten Tagen ist, eingeklemmt zwischen einerseits einem Radiokonzert in Saarbrücken und andererseits einem Radiokonzert in Potsdam, zumal wenn der Offtagnehmende in Berlin wohnt und nach Potsdam mit der S-Bahn fahren kann.

Die Idee hinter dem echten Offtag ist auf den ersten Blick bestechend: Jeder braucht einmal einen freien Tag, auch Musiker, auch und gerade auf Tournee, und sei es nur zur körperlichen Regeneration (Stimmbänder, Leber usw.). Wenn der Offtag dann nach einigen Tourneetagen kommt, sieht er meist so aus: Nach dem letzten Konzert vor dem Offtag wird ordentlich Party gemacht, denn am nächsten Tag ist ja Offtag. Der Vormittag des Offtags wird mit Kater in Bett und Badewanne verbracht, danach wird aus Langeweile Rock-'n'-Roll-Shopping betrieben (Aspirin, Taschenlampe, Schneekugeln mit Münchner Rathaus drin), dann sich noch einmal hingelegt, und am Abend stellt sich die Frage: Wo bleibt denn jetzt der Kick? – Kino, Restaurant, Komasaufen!

Am nächsten Tag sind alle froh, dass es weitergeht!

Mythos Rock-'n'-Roll-Shopping: Dinge, die jeder haben will!

Offtag-Erleichterung kommt aus dieser Tasche!

## Vom Nikolaisaal in den Hemelinger Hafen und zurück

Donnerstag, 24.9.09, Potsdam

15.11 Uhr
Im Nikolaisaal wird alles für das Radiokonzert für Radio 1 vom Rundfunk Berlin-Brandenburg vorbereitet. Es werden Kabel verlegt, Lautsprecherboxen gehievt, Mikrofone aufgestellt. Tourneeleiter Ralph Herff steckt DIN-A4-Zettel mit dem Ablaufplan in die kleinen Schilderhalter neben den Garderobentüren und klebt die rechte obere Ecke des Zettels, damit sie nicht herunterlappt, mit Tesafilm am Türrahmen fest. Davon hätte man mal ein Foto machen sollen, das wäre der Beweis gewesen, dass dieses Land durch die Erfindungskraft und Improvisationsfähigkeit seiner Bewohner niemals untergehen wird!

15.47 Uhr
Im Nikolaisaal fällt eine Flasche Mineralwasser um. Gottseidank ist sie zugeschraubt.

16.30 Uhr
In der Altstadt von Potsdam geht die Sonne nie unter. 24 Stunden am Tag flanieren hier die Menschen umeinander und essen Eis mit bunten Streuseln.

17.10 Uhr
Beim Betrachten der leeren Sitzreihen des Nikolaisaals muss ich daran denken, wie ich einmal vor etwa 30 Jahren im Hemelinger Hafen in Bremen zwei Tage lang in einem Lager für Eierpappen gearbeitet habe. Den Job hatte ich über das Hafenarbeitsamt bekommen, und ich wäre gerne länger geblieben, aber nach 2 Tagen war der eigentlich dort arbeitende Eierpappenverladehelfer wieder gesund und sie brauchten mich nicht mehr. Glücklich, wer solche Erinnerungen hat.

17.11 Uhr
Hamburg-Heiner ruft an.
HH: Schluss, aus, Gnade! Hör auf, ich mag nicht mehr.
Sven: Aber ich laufe mich doch gerade erst warm.
HH: Warum schreibst du nicht etwas über die Konzerte?
Sven: Das Konzert ist erst heute abend. Und man macht das auch nicht, so über die eigenen Konzerte schreiben, wie soll das denn gehen?
HH: Keine Ahnung, war toll oder so. Oder: großartiges Publikum.
Sven: Er ist ein großes Problem in der Unterhaltungsindustrie: der bei Künstlern häufig verbreitete Glaube, man müsse sich beim Publikum einschleimen.
HH: Es muss ja nicht gleich einschleimen sein.
Sven: Es gibt drei Orte auf der Welt, wo ich gerne spiele: New York, Paris und Villingen-Schwenningen.
HH: Das sagt der H. C. immer.
Sven: Wir nennen keine Namen!
HH: Auf keinen.

22.05 Uhr, Potsdam
Das Konzert war toll! Großartiges Publikum!

Bestuhlung des Nikolaisaals.

Blick auf die Bühne des Nikolaisaals.

# Der IT-Beauftragte von Potsdam-Mittelmark

Samstag, 26.9.09, 9.17 Uhr, Landkreis Potsdam-Mittelmark

Das Berliner Umland ist schön, darüber sind sich alle einig. Und darum bin ich hier. Zum Baden ist es allerdings zu kalt und zum Schlittschuhlaufen zu warm. In den Wäldern singen die Motorsägen. Ist das noch Rock 'n' Roll? Oder gerade?
Gut, dass in diesem Moment Hamburg-Heiner am Rohr ist.
Sven: Hamburg, sag du, ist das noch Rock 'n' Roll?
HH: Sven, das ist die falsche Frage. Die richtige Frage wäre: Wieso Mittelmark? Gibt es auch die Vorder- und Hintermark? Oder die Ober- und Untermark?
Sven: Ich bin ja so vom Heimatkunde-Hintergrund her eher Bremer, weißt du ... Ich kenne nur die Waller Feldmark, da hat Klatti damals gewohnt, der war mir ein bisschen ein Vorbild für Wolli, aber nur ein bisschen.
HH: Stop. Das ist Literatur. Dies ist der Rock-'n'-Roll-Blog, bitte keine Schummeleien.
Sven: Ich weiß nicht, was ich Rock-'n'-Roll-mäßig hier rausholen kann, irgendwie ist das Landleben und die Natur und so, das ist irgendwie nicht so ...
HH: Hast du da überhaupt Internetanschluss?
Sven: Nur über das iPhone.
HH: Du willst mir aber nicht erzählen, dass du den Quatsch hier auf dem iPhone tippst?!
Sven: Nein, das geht nicht, das sieht zu scheiße aus, da kriegt man die Umlaute und das ß und so weiter nur angeboten, wenn Steve Jobs da gerade Bock drauf hat, und das ist nicht oft, und ohne Umlaute und ganz ohne ß macht das Bloggen keinen Spaß, da sieht das irgendwie so nach Lochkarten aus, was man schreibt, das müffelt dann irgendwie nach Endlosdruckerpapier und IT-Beauftragtem.
HH: Wie willst du den Quatsch dann ins iPhone bringen?

Sven: Entweder durch Synchronisierung des E-Mail-Programms dieses Computers mit dem des iPhones, indem man das als E-Mail unter Entwürfe speichert, das könnte vielleicht klappen. Oder wenn nicht das, dann kommt's zum Äußersten.
HH: Da bin ich aber gespannt.
Sven: Ja, das habe ich mir eben noch ausgedacht: Ich tue einfach den ganzen Text in die Notiz eines Kalendereintrags, und wenn dann der Kalender dieses MacBooks mit dem des iPhones synchronisiert wird, könnte dabei der Text ins iPhone kommen. Dann muss ich den nur noch kopieren und in eine e-Mail einsetzen und der Drops ist gelutscht.
HH: Viel Glück, Sven. Wenn das der Steve rauskriegt, was du da für Sachen machst ... Der ist imstande und nimmt dir das alles weg.
Sven: Muss man riskieren. Aber was soll ich denn inhaltlich schreiben?
HH: Schreib doch einen »Versuch über das Landleben«.
Okay, also hier ist er:

**Versuch über das Landleben**
Die Natur ist eine Sau!

Fontane-Spaß galore: Der Himmel über Brandenburg!

Nervt und wuchert alles zu: Natur!

War auch schon mal bunter: Flieder in Potsdam-Mittelmark!

# The Horror! The Horror!

00.17 Uhr, Potsdam-Mittelmark
Geisterstunde. In den Wäldern schnitzen sich die Kürbisse gegenseitig Gesichter und der Oberste Hobbit zündet Teelichter (Ikea, 200 Stück € 3,50) an. Weh dem, der jetzt keine Wasabi-Erdnüsse hat.

00.59 Uhr, Potsdam-Mittelmark
Das iPhone schaltet ohne äußere Einwirkung die Furzkissen-Applikation (»Fart Cushion«, free of charge) ein. Sie kommen. Sie kommen.

01.01 Uhr, Potsdam-Mittelmark
Das ging gerade noch mal gut.

Das Telefon geht.
Hamburg-Heiner: Was soll der Werbescheiß?!
Sven: Irgendwer muss das doch alles finanzieren.
HH: Nix. Das ist doch alles Promo.
Sven: Ja, aber in ein paar Jahren ist das vorbei, weil es keine Plattenfirmen mehr gibt, und dann sind wir alle nur noch Werbenutten und müssen uns unsere Plattenaufnahmen von Pfanni Halb & Halb finanzieren lassen.
HH: Da kannst du aber lange warten, dass die euch eine Platte finanzieren. Xavier Naidoo vielleicht, aber euch doch nicht!
Sven: Das macht mir ja Sorgen. Ich denke mal, entweder Ikea (Schrankwand »Elements«) oder Furzkissen, dazwischen ist nicht viel.
HH: The Horror, the Horror!

Gruselkürbis aus Brandenburgs Wäldern!

Wie viele Platten kann man mit so was finanzieren?

Letzte Rettung Wasabi-Nuss!

# Selber denken in Brandenburg und ohne Bischof Huber

Sonntag, 27.9.09, 16.02 Uhr, Klaistow

In Brandenburg holen sie aus dem Kürbis kunstmäßig das Äußerste raus, aber was würde die evangelische Kirche bzw. was würden strenge, evangelische Mittelstandseltern dazu sagen, dass hier mit Lebensmitteln gespielt wird? Schon mal gut, dass Bischof Huber nicht hier ist.

18.02 Uhr, Autobahn A 10 zwischen Michendorf und Dreieck Havelland
Das Telefon klingelt. Hamburg-Heiner natürlich.
HH: Sven, du Knalltüte, schreib mal was in deinem Blog zur Wahl.
Sven: Nix. Dies ist der einzige Blog Deutschlands, der am 28.9. einen Eintrag hat, in dem nicht von der Wahl die Rede ist.
HH: Warum nicht?
Sven: Das kannst du alles nachlesen in Spiegel Online.
HH: Machst du es dir da nicht ein bißchen einfach?
Sven: Nein. Zu allem und jedem ungefragt seinen Senf dazugeben, das ist einfach!
HH: Aber die Leute, die wollen doch wissen, was du denkst!
Sven: Die sollen selber denken!
HH: Ich möchte es mal mit den Worten von J. Fischer sagen, die er damals auf der Münchner Sicherheitskonferenz benutzte: »I'm not convinced!«
Sven: Umso besser!

Kürbisse und Raumfahrt thematisch 1a verknüpft. Wenn das noch der Standard-Blog wäre, wäre hier ein kleiner Verweis auf den berühmten Wiener Arzt Sigmund Freud fällig gewesen.

Hier auch!

Gut, dass Bischof Huber das nicht sehen muss!

# Bob's Your Uncle!

Montag, 28.9., 17.05 Uhr, Berlin

Die Charts für die nächste Woche sind da. Bei der Plattenfirma. Aber irgendwie noch geheim. Oder nicht? Was soll das bringen, wenn man die Charts vom Donnerstag schon am Montag weiß? Aber ist es nicht auch so, dass die Leute von der Musikwoche ihr Chartsmail am Dienstag schon rausschicken und damit schon die ganze Spannung raus ist?
Hier kann nur einer helfen.
HH: Hamburg?
Sven: Hier Berlin!
HH: Das ist wirklich der blödeste aller Witze, die ich schon tausendmal gehört habe, und das sind einige.
Sven: Charts. Was ist mit den Charts? Darf man heute abend schon verraten, in einem Blog zum Beispiel, wie die neuen Charts aussehen?
HH: Nein, das ist noch geheim. Außer wenn der Blog erst morgen rauskommt, dann ginge es, aber nicht bevor die Musikwoche das Chartsmail geschickt hat, und das ist übrigens nicht detailliert, das gibt immer nur die ersten drei Plätze preis. Wenn ihr mit Element of Crime also nicht unter die ersten drei Plätze in den Longplay-Charts ... – es geht doch wohl um die Longplay-Charts, oder was?
Sven: Hamburg! Sehen wir aus wie Leute, die in den Single-Charts auftauchen?
HH: Keine Ahnung. Wie sehen die denn aus?
Sven: Weiß nicht. Kenn die nicht. James Blunt? Rammstein?
HH: Nein, so seht ihr nicht aus.
Sven: Na sieht du!
HH: Jedenfalls wenn ihr nicht auf Platz 1, 2 oder 3 in den LP-Charts seid, dann musst du schweigen bis Donnerstag.
Sven: Und dürfte ich, wenn ich was sagen dürfte, das erst sagen, nachdem die Musikwoche rauskommt, oder was? Ich meine, der Blog geht morgen erst um 12 Uhr online, wann kommt denn das Chartsmail der Musikwoche?

HH: Man sagt, das käme dienstags um 10 Uhr, aber wenn du das jetzt in den Blog reintust und das dann abschickst und die Leute von laut.de das dann aus purer Lebensfreude schon um 9.59 Uhr ins Netz stellen, oder aber wenn aus Krankheitsgründen oder weil der Server abgestürzt ist, die Musikwochenchartsmail erst um 13 statt um 10 Uhr rausgeht, dann hast du dich des Musikindustriegeheimnisverrats schuldig gemacht.
Sven: Ich hätte nie gedacht, dass das so kompliziert ist. Und so gefährlich!
HH: Hier mein Vorschlag: Du wartest morgen früh, bis die Musikwochenchartsmail da ist, kopierst einfach deren Text in deinen Blog rein und, wie David Young sagen würde, Bob's your uncle!

Dienstag, 10.13 Uhr

Und hier ist, was die Musikwoche in ihrer »musik.wochechartsmail« (so wird sie geschrieben) schreibt:
»**Charts KW 41: Madonna und Rammstein vorn**
Madonna übernimmt mit ihrem Hitsampler »Celebration« unmittelbar nach der ersten Verkaufswoche die Führung in den MusikWoche Top 100 Longplay. Auch die weiteren Plätze auf dem Siegertreppchen sichern sich aktuelle Neueinsteiger: So richten sich Element Of Crime mit »Immer da wo du bist bin ich nie« auf Rang zwei ein. Und Pearl Jam kommen mit »Backspacer« auf Anhieb auf Position drei. Damit verbuchen Eddie Vedder und Co. ihren bisher höchsten Charts-Entry in Deutschland überhaupt. Noch zwei vertraute Hitlisten-Größen schaffen es mit ihren brandneuen Veröffentlichungen in die Top Ten, nämlich Mika mit »The Boy Who Knew Too Much« auf sechs sowie Max Herre und »Ein geschenkter Tag« auf der Zehn. Insgesamt verzeichnen die Top 100 stattliche 18 Neuzugänge.«

Und schon klingelt das Telefon:
HH: Ihr richtet euch ein? Die haben geschrieben, ihr richtet euch ein? Auf Platz 2? Für länger?
Sven: Ich glaube nicht, dass das so gemeint ist.
HH. Wie denn dann?

Sven: Das ist nur aus stilistischen Gründen so formuliert. Madonna übernimmt die Führung, wir richten uns auf Platz zwei ein und Pearl Jam kommen auf Anhieb auf Platz drei.
HH. Aber bei euch war das doch auch auf Anhieb!
Sven: Ja, aber zweimal »auf Anhieb« hintereinander schreiben, das wäre wohl etwas doof.
HH: Diese Musikwochenleute haben es nicht leicht. Woran die alles denken müssen!
Sven: Da sagst du was ...!

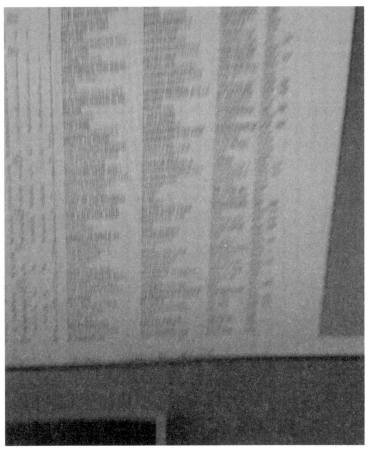

Charts der KW 41: Mit zittriger Hand fotografiert, deshalb jetzt schon blogfähig!

Impuls der Branche.

Siegertreppchen (Ikea).

# Konstanz und künstlerische Leistung

Dienstag, 29.9.09, abends

Charts, Charts, Charts. Es hagelt Glückwünsche, manche auch vergiftet. »Platz 2, soso ... – zweiter Sieger, ist es das, was ihr wolltet?!« schreibt Ch. K. aus L. am M. Er kann ja nicht wissen, dass Karen Koltermann zum Ansporn schon vor Jahren das passende Bild gemalt hat.
Und die Universal, die alte Plattenfirmenschabracke, ist auch nicht faul und haut Pressemeldungen raus:

»Element of Crime – erstmals mit »Immer da wo du bist bin ich nie« auf Platz 2 der Album-Charts!

Die subtilere Klang- und Wortkunst von Element of Crime steigt in dieser Woche von null auf Platz zwei der deutschen Albumcharts ein! »Immer da wo du bist bin ich nie« ist damit das erfolgreichste Chart-Album der Band, die in diesem Jahr bereits auf stolze 24 Jahre Bandgeschichte und zwölf Studioalben zurückblicken kann. Auch hier lässt sich festhalten: Konstanz und künstlerische Leistung auf höchstem Niveau werden auch heute noch honoriert. Das 2005 veröffentlichte und mit »Gold« ausgezeichnete Element of Crime-Album »Mittelpunkt der Welt« schaffte es seinerzeit auf Platz sieben in den Albumcharts. Element of Crime werden ab Januar 2010 mit dem neuen Album auf den Konzertbühnen in Deutschland, Österreich und der Schweiz stehen.«

Subtilere Klangkunst? Subtiler als was? Hm ... Lieber nicht drüber nachdenken. Auch nicht unproblematisch: 24 Jahre Band, 12 Alben ... – das kommt einem dann doch irgendwie unangenehm biblisch vor. Und sollte man da nicht langsam mal die Schlagzahl wieder erhöhen, um wenigstens diesen sauberen Zweijahresschnitt zu halten? Interessant auch die Erwähnung von Konstanz, weil das ja hier der laut.de-Blog ist, und weil laut.de, was die wenigsten wissen, in Konstanz gemacht wird, wie überhaupt Konstanz in den stolzen 24 Jahren immer eine große Rolle spielte: In Konstanz bekamen wir unseren ersten Magazintitel (»Out of Depression«, 1986), unseren ersten Uni-Mensa-Gig (Thomas Bohnet, vgl. Blogeintrag »Mythos Nightliner«), aus Konstanz beziehen wir unseren Backliner (Uli Rummel), und auch unser Monitormixer (Ivan F. P. Lang) hat lange dort gelebt, obwohl er eigentlich aus dem Allgäu kommt, so wie Uli eigentlich aus Köln, woran man mal sieht, was für eine Anziehungs- und Strahlkraft diese Bodenseemetropole in alle Richtungen ausübt. Dass so was honoriert wird, wer mag in dieser Hinsicht der Universal widersprechen? Ich jedenfalls nicht, ich bin doch nicht bescheuert.

Karen Koltermann »2. Sieger«, Öl auf Leinwand.

Siegertreppchen 2.0.

Als die Universal noch Polygram hieß und in Hamburg residierte, gab es manchmal Karaoke-Charts-Entry-Parties im Keller eines japanischen Restaurants in Eppendorf (Nähe U-Bahnhof Hoheluft).

# VIII
# Männer-mit-Spielplan-Blog

taz.de

18.1.2010 bis 16.2.2010

18.1.2010

# Mein Name ist Regener und ich soll hier bloggen!

Deshalb ist es ja so wichtig, manchmal seinen Namen zu erwähnen: Damit das gleich mal klar ist, wie man heißt. Das beste Vorbild dafür: Motte, damals Sänger der Toten Piloten, im Jahre 1983: Hallo, mein Name ist Motte, ich komm aus Spandau und soll hier singen!

# Was aber das Schönste ist ...

Was aber das Schönste ist und zeigt, auf welch liebevolle Weise die taz ihre Blogger willkommen heißt: dass mein Name falsch geschrieben ist. Gleich als Benutzername. Und so wird das dann auch über jedem Eintrag falsch reingeschrieben.[4]

# Warum die Männer einen Spielplan haben

Hier kurz, worum es geht: Wir gehen heute abend auf Tournee. Es beginnt mit einer Übernachtfahrt, denn morgen ist das erste Konzert in Zürich. Früher bekam man zu Beginn einer Tournee einen sogenannten »Tourrider« ausgehändigt. So nannte man das damals. Da standen alle Konzerttermine drin und für jeden Konzerttermin gab es eine eigene Seite mit Hallen-/Hotel-/Veranstalteradresse, Soundcheck-/Essens-/Auftrittszeiten und vielen Anmerkungen bezüglich irgendwelcher Besonderheiten, außerdem Raum für Notizen usw. In der Regel sagte man nur

---

[4] An dieser Stelle meldete sich die Blog-Administration der taz mit diesen Worten: »(Sorry – ein Typo im Eifer des Gefechts, ist korrigiert! Gruesse vom Blogwart)«

Rider dazu. Dann kam der Moment, an dem die Süßwarenfirma Mars einen Schokoriegel namens »Raider« in »Twix« umbenannte und dazu eine großangelegte Werbekampagne startete, die in dem Slogan kulminierte: »Raider heißt jetzt Twix«. Woraufhin die üblichen Witzbolde nicht umhin konnten, den Begriff »Tourtwix« so oft zu benutzen, bis es nicht nur nicht mehr witzig, sondern schon hochgradig ärgerlich war. Deshalb setzte sich der Begriff Itinerary durch, der Eitinneri ausgesprochen wurde und von dem niemand wusste, was er bedeutete, der aber dennoch oder vielleicht gerade deshalb in der Welt des Rock 'n' Roll hohes Ansehen genoss. Nun aber, und erstmalig mit dieser Tournee, hat die Konzertagentur »Koopmann Concerts« einen neuen Begriff eingeführt, nämlich den des Spielplans. Man wird sehen, ob der sich durchsetzt. Er scheint bis jetzt noch ein wenig zu einem Paralleluniversum zu gehören, er erinnert vor allem auch penetrant an Fußball, Kicker-Jahresabos und Stecktabellen. Am 12. Februar, wenn dieser Blog zuende ist, wissen wir mehr!

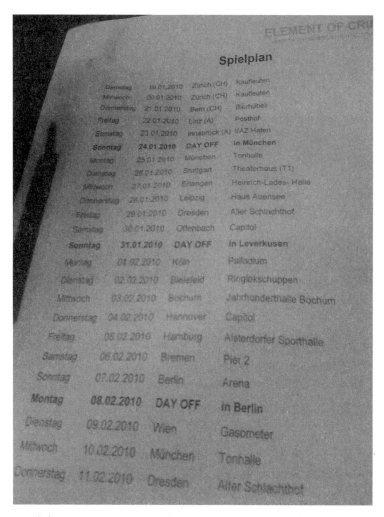

Spielplan, 1. Seite. Das wird kein Freundschaftsspiel!

19.1.2010
# Hamburg-Heiner, dove sei?

Bis jetzt kein Anruf von Hamburg-Heiner. Wie soll man so bloggen? Wie machen das die anderen? Was läuft auf David Youngs Tourblog unter http://www.element-of-crime.de/blog/?cat=4? Noch nie wurde unter so heiklen Umständen gebloggt. Da müssen im Augenblick erst einmal ein paar Fotos reichen:

Morgens um 4.18 Uhr im Nebel vor Stuttgart: John Carpenter kann einpacken!

So machen es die alten Hasen: Tourmanager Ralph hat seinen Spielplan unmissverständlich als sein Eigentum gekennzeichnet. Sonst ist der sofort weg, er kennt das schon!

Christian Komorowski lässt sich vom winterlichen Weichbild der Stadt Zürich nicht von der Arbeit ablenken.

Oder doch!

20.1.2010

# Kaum noch Hoffnung für Hamburg-Wilhelmsburg

Zürich, 20.1., 8.14 Uhr, Hotel

Ich habe ein schlechtes Gefühl. Der dritte Tag dieses Blogs bricht an, und Hamburg-Heiner hat sich noch immer nicht gemeldet. Und ich mache mir Sorgen. Nicht so sehr um Hamburg-Heiner, der, da sind sich alle, die ihn kennen, einig, auch zwei Atomkriege überleben würde mit nur einer Dose Baked Beans. Nein, es ist Hamburg-Wilhelmsburg, um das ich fürchte. Ist dort Sturmflut? Und wenn ja, warum hört man nichts davon? Ist es so schlimm, dass schon eine Nachrichtensperre darüber verhängt wurde? Hat man HH, der dort als Honorardeichgraf wirkt, aus Gründen der Staatsräson das Handy weggenommen? Und, fast noch wichtiger: hat er genug Sandsäcke und wenn ja, hat er genug Erstsemester-Studenten, sie zu schleppen?
Ohne Hamburg-Heiner kann ich nicht bloggen. Ich weiß nicht, wie die anderen das können, David Young zum Beispiel, der unter www.element-of-crime.de ein Blogbrett fährt, das mir Angst macht. Wäre das kein Blog-, sondern ein echter Zweikampf, dann wäre bei mir jetzt quasi schon ein Auge zu. Vielleicht sollte man eine Finte versuchen. Ein geschickter, komplett sinnfreier Doppelblog könnte ihn vielleicht auf dem falschen Fuß erwischen. Und dann regnet's Ohrfeigen!

1. Auflage Spielplan, Koopmann Concerts, Bremen 2010, Fehldruck: Jede Seite zweimal ausgedruckt. Das bibliographische Gegenstück eines Doppelblogs quasi.

# Doppelblog

Nimm dies, Engländer

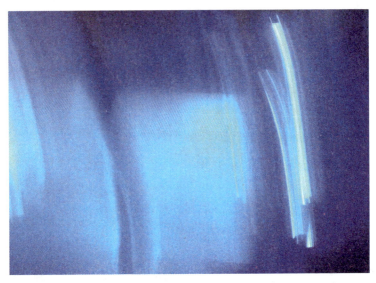

Morgendlicher Blick aus dem Busfenster im Stile G. Richters (Digitalfoto).

# Doppelblog

Nimm dies, Engländer

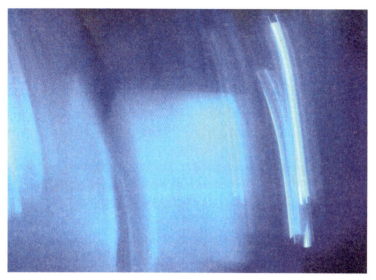

Morgendlicher Blick aus dem Busfenster im Stile G. Richters (Digitalfoto).

21.1.2010

# Nice Try, Hamburg!

Heute morgen um halb sieben der erlösende Anruf.
Hamburg-Heiner: Rezeption, guten Tag, dies ist Ihr bestellter Weckruf.
Sven: Haha! Sehr lustig, Hamburg.
HH: Hier ist nicht Hamburg, hier ist Zürich, Ihre Hotelrezeption, dies ist Ihr bestellter Weckruf.
Sven: Mich täuscht du nicht, Hamburg. Da kannst du Akzente imitieren, bis der Deich bricht!
HH: Ich wünsche einen guten Morgen und einen angenehmen Tag.
Und damit legte er wieder auf. Habe ich ihn dafür in die Welt gesetzt? So fühlen Väter, wenn die Söhne in die Pubertät kommen und ihren Erzeugern erzählen wollen, sie hätten zwar dran gezogen, aber nicht inhaliert!

Zürich, Limmat. Sie haben hier noch einen zweiten Fluss namens Sihl. Es ist eine glückliche, schöne Stadt mit sehr höflichen Menschen darin.

# Die Pommesgabelhaftigkeit der äußeren Anmutung

Um halb acht dasselbe Spiel unter leicht veränderten Vorzeichen.
Hamburg-Heiner: Guten Morgen, dies ist Ihr zweiter Weckruf.
Sven: Vielen Dank. Schönen Tag noch.
HH: Ich bin's!
Sven: Ich weiß.
HH: Weil du ein Fuchs bist.
Sven: Ich hab's schon beim ersten Mal gewusst.
HH: Es gab kein erstes Mal. Das war die Rezeption.
Sven: Das wird jetzt fad, Hamburg. Wo warst du die ganze Zeit? Muss man erst einen Doppelblog bauen, bevor du dich meldest?
HH: War schwer beschäftigt. Musste meinen Kaktus gießen und den Müll runterbringen. Weißt ja, wie das ist.
Sven: Hamburg, du bist mein Geschöpf, ich habe dich erschaffen, ohne mich gibt's dich gar nicht, wie kannst du da den Müll runterbringen, das ergibt doch keinen Sinn.
HH: Da bist du aber nicht der erste, dem seine Geschöpfe über den Kopf wachsen, Dr. Frankenstein.
Sven: Ich habe das bisher eher als eine Walt-Disney-Micky-Maus-Beziehung gesehen.
HH: Fragt sich bloß, wer da die Micky Maus ist. Nur mal soviel: Ich bin's nicht!
Sven: Stan Lee und Spiderman?
HH: Ungern.
Sven: Hugh Hefner und der Playboy?
HH: Das schon eher.
Sven: Carl Barks und Donald Duck?
HH: Schluss mit dem Quatsch. Sag mal lieber, was der Blog bringen soll, wie ich höre, bist du schon fightclubmäßig ziemlich im Arsch.
Sven: Also ich hatte mir das eher so als freundlichen Bericht über die Rückseite des Tourlebens gedacht, als komplett sinnfreies, 1a redundantes Spinal-Tab-Geschnacke.

HH: Klingt gut, wird aber nicht durchzuhalten sein. David Young geht die Sache ganz anders an, irgendwie härter, gnadenloser.
Sven: Ja, der zieht da so ein Endzeit-Mad-Max-Ding durch, kombiniert mit knallharter Kapitalismus-, Globalisierungs- und Unbequeme-Betten-Kritik. So was mögen die Leute, da kommt man nur schwer gegen an.
HH: Keine Chance.
Sven: Nie und nimmer.
HH: Im Traume nicht!
Sven: Vergiss es, Hamburg.
HH: Kannst du schnicken, Freund. Da wird nichts draus.
Sven: Was ja andererseits auch schon wieder eine Herausforderung ist.
HH: Da sagst du was.
Sven: Ich hab's mit dem Doppelblog versucht, immerhin.
HH: Der Doppelblog hat im Blogfightclub ja ungefähr denselben Effekt wie die Liebesverwirrung beim Pokémon-Zweikampf: Er schwächt die Verteidigungskraft um 10 bis 20 Kampfpunkte, aber das bringt nur was, wenn danach ein weiterer Angriff gefahren wird.
Sven: Früher, bei Tutti Frutti auf RTL, gab's immer Länderpunkte für irgendwas.
HH: Wenn man sich auszog, konnte man sein Länderpunkte-Konto wieder auffüllen.
Sven: Die hatten's gut. Das sind Wege, die dem Blogger versperrt sind.
HH: Wie wär's denn mal mit Inhalten? So wie's mit der Musik und den Konzerten läuft.
Sven: Nee, so was kann man nicht erzählen. Da läuft alles so gut, das ist dann langweilig. Ich mein, was soll das denn bringen, so heute super Konzert, die Leute waren super drauf, die Crew ist toll, der Tourmanager schön und das Catering kompetent. Das hat so was Eindimensionales.
HH: Wer sind denn die Vorgruppen?
Sven: Heute? In Bern sind das Trummer, der spielt alleine mit Gitarre, und Berty, das ist die neue Band von Monique Froide-

vaux. Aber das kann ja wohl nicht sein, dass ich hier das harte Brot der Fakten backe, während David Young im Rosbif-Blog mit Schlechtelaunerock punktet!
HH: Hab ich schon gesagt, dass mich das Cover eures Spielplans an K-Gruppen-Broschüren der 70er Jahre erinnert?
Sven: Ist mir auch schon aufgefallen. Vor allem an den KBW erinnert das, irgendwie gespenstisch, wahrscheinlich wegen des Layouts der Worte »Element«, »of« und »Crime«. Wenn das linksbündig untereinander geschrieben wird, so

Element
of
Crime

dann erinnert das irgendwie so an

Kommunistischer
Bund
Westdeutschland

finde ich. Von der Pommesgabelhaftigkeit der äußeren Anmutung her.
HH: Da ist was dran. Womit aber ja auch der Bogen zum Hardrock und Heavy Metal geschlagen wäre.
Sven: Das müsste man den Leuten erklären. Vielleicht mit einem Foto.
HH: Tu das! Im Fightclub, in der Liebe und am Deich ist jedes Mittel recht. Und wenn das nichts bringt, dann bleibt immer noch der Doppelblog!
Und damit legte er auf. Ich bin froh, dass er wieder an Bord ist. Ein Blog ohne Hamburg-Heiner ist wie Pommes ohne Gabel.

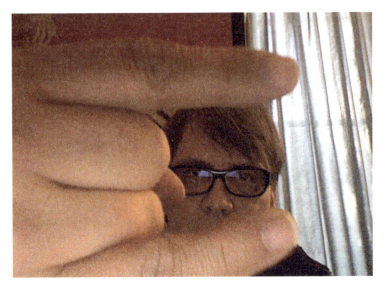

Pommesgabel, die wir meinen!

22.1.2010
# Lob des Tourmanagers (I)

Der Tourmanager ist der, der alles im Griff hat. Er kann übers Wasser wandeln, vor allem aber kann er Wasser in Wein verwandeln, ein Hinweis an den örtlichen Veranstalter genügt. Er hieß immer Tourmanager und er wird immer Tourmanager heißen. Notorische Witzbolde, die sich darin gefallen, in seiner Gegenwart von »Reiseleiter« oder »Spielleiter« zu sprechen, finden sich schnell mal ohne Catering-Ausweis wieder, und dann ist die Reue groß, kommt aber oft zu spät. Der Tourmanager ist Ankläger, Richter und Vollstrecker zugleich. Seine Höchststrafe: Das Zerschneiden des Tourpasses mit den begleitenden Worten »Goodbye, Lasagne«. Die Besten der Zunft kommen alle aus Weißensee, Tourmanager aus Weißensee sind für die deutschen Konzertagenten das, was Schweizer Landsknechte für die Päpste sind.

Leistet Übermenschliches beim Verwandeln von Wein in Wasser: Tourmanager Ralph aus Weißensee.

23.1.2010
# Nibelungenbrücke

Esther K. aus B. schreibt: »Ich wusste übrigens gar nicht, dass Innsbruck einen Hafen hat. Das hätte ich dort niemals erwartet.« Tja, Esther, Linz liegt an der Donau, und wo Wasser ist, da sind auch Häfen. Der von Linz ist nicht ganz das, was man aus Bremen, Hamburg oder Singapur gewohnt ist, aber die haben ja auch mal klein angefangen.

Hier gibt es übrigens auch eine Nibelungenbrücke. Ist das, weil hier die Nibelungen auf dem Weg zu König Etzel die Donau überquerten, wobei ihnen der Priester ins Wasser fiel und dann der einzige war, der den ganzen Nibelungenausflug am Ende überlebte, weil er aufs linke Ufer zurückschwamm und deshalb nicht mehr weiter mitkam?

Keine Zeit, das zu klären. Wir müssen weiter nach Innsbruck und ich stelle ja auch nur die unbequemen Fragen. Denn auch dies ist wahr: die Wahrnehmung der Umgebung, der bildungstouristische Effekt quasi, ist auf einer Tournee höchst begrenzt. Den meisten Musikern geht es mit den Städten wie mit der Politik: Sie haben wenig Ahnung, aber ganz viel Meinung. Und sagen dann Sachen wie: »Ich stelle ja nur die unbequemen Fragen.«

Hier einige Fotos, die zeigen, wie die Welt dem Musiker auf Tournee sich darstellt:

Die Donau bei Linz bei Nacht, aus dem Hotelfenster gesehen.

Dieselbe Aussicht bei Tag.

Bergmassiv mit Geiger (Innsbruck).

Lichtmann im Halbdunkel.

Winklersche Patentfaltung eines Spielplans (Itinerary). Abgespielte Tage werden mal von oben, mal von unten weggefaltet, sodass der aktuelle Tag auf einen Griff zu finden ist.

24.1.2010

# Mit unscharfer Essensfotografie der Schande ein Schnippchen schlagen

Tourmanager Ralph schreibt:
»Im Blog hast du beim Schreiben von »Innsbruck« in der 1. Zeile sicher »Linz« gemeint. Aber so ist das wohl mit den Hafenstädten auf Tournee ...
Viele Grüße,
Ralph«
Dabei ist alles noch viel schlimmer: Esther K. hat natürlich »Innsbruck« geschrieben, wohl weil der Veranstaltungsort in Innsbruck »Hafen« heißt, ich jedoch habe ihr geantwortet, als habe sie »Linz« geschrieben, und jetzt entlarvt sich das alles als eine übelkeiterregende Klugscheißerei von grotesken Ausmaßen.
Schlimm.
In solchen Momenten hilft nur ein Anruf bei Hamburg-Heiner. Und es ist so, wie es unter wahren Freunden sein sollte: In der Stunde der Not ist er da und geht ran, bevor das erste Läuten verklungen ist und sagt:
HH: Denk gar nicht erst daran, die Sache zu vertuschen, mach ein paar unscharfe Essensfotos und schau, dass du damit den Schaden wiedergutmachst.
Sven: Und wenn das nicht gelingt?
HH: Dann weiß ich auch nicht.

Schweinshaxe auf der via omnis carnis (Fraunhofer, München).

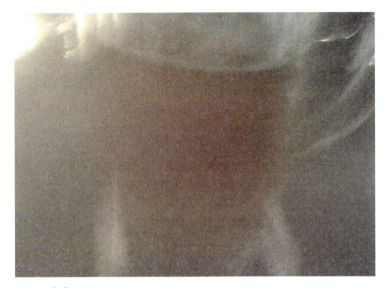

Bier (ebda).

25.1.2010
# Alliteration leichtgemacht

Als Hamburg-Heiner mich heute morgen in München telefonisch auf dem natürlich falschen Fuß erwischte, war er sehr ungehalten, auch ungeduldig, unwirsch und unzufrieden und auf jeden Fall unterstellend unterwegs. Ich dagegen hatte gute Laune. Das sind natürlich prima Voraussetzungen, pfeilgerade aneinander vorbeizureden, auf parallelen Gedankenpfaden, auch im Unendlichen sich nicht kreuzend, aber das ist ja das Wesen der Parallele, das versteht sich von selbst.
Hamburg-Heiner: Schweinshaxe kann man doch nur im Gasthof Angstl in Sonnering essen.
Sven: Das war in Innsbruck echt ein ganz prima Konzert, die Leute waren gut drauf.
HH: Schweinshaxe, die nicht aus dem Angstl ist, ist menschenfeindlich.
Sven: Aber in Linz, Bern und Zürich war das auch mega, um hier mal ein Anne-Koopmann-Wort zu benutzen.
HH: Angstl oder gar nichts. Das ist ja überhaupt die allergrößte Menschenfeindlichkeit, dass sie einem Schweinshaxen verkaufen, ohne dass sie der Angstl in Sonnering sind, das ist ja an und für sich schon ein Unding, das wird ja auch nur gemacht, um die, die das dann essen, wieder und wieder zu knechten, das sind ja keine normalen Schweinshaxen, wie man sie aus dem Angstl kennt, das sind Menschenzerstörungshaxen, damit ist ja immer schon das allergrößte Unglück angerichtet worden, mit solchen Haxen.
Sven: Und alles ausverkauft. Und das gestern mit den Horwathn im Gasthaus, das war auch so, wie soll ich sagen ...
HH: Menschenfeindlich?
Sven: ... so angenehm halt.
HH: Sag ich ja.
So geht's natürlich auch.

Am River Gweih: Florian Horwath und Band

26.1.2010
# Leser fragen, der Blogger antwortet (I)

Hans-Helmut G. aus F. im Br. fragt: Warum ist in diesem Blog nichts über das Wetter zu lesen. Ich frier mir hier den Arsch ab und im Blog ist davon überhaupt nicht die Rede. Das finde ich krank!
Sven Regener: Jetzt fällt es mir auch auf, und ich werde versuchen, das zu ändern.

Florian H. aus W. fragt: Warum erfährt man nicht mehr über die tolle Vorgruppe, die ihr in Österreich und Deutschland dabeihabt? Das scheinen mir ganz und gar außergewöhnliche Burschen zu sein, schön und gebildet, auch im Herzen, und ihre Musik, die ist super, das sieht man gleich! Aber man erfährt nicht viel über sie in diesem Blog, das kommt mir komisch vor, das hat schon was sehr Verdächtiges, dass die bei euch quasi totgeschwiegen werden, seid ihr neidisch, weil die so gut sind und so gut ankommen? Nehmen die euch die Butter vom Brot? Würde mich nicht wundern, so gut, wie die ausschauen, gerade für die Frauen ist das der Hammer, und die Musik, die ist super, das sieht man gleich.
Sven Regener: Ja.

Ralph H. aus B. fragt: Das Kapitel »Lob des Tourmanagers (I)« hat mir ganz gut gefallen. Wann kommt endlich die Fortsetzung?
Sven Regener: Sobald ich meinen Catering-Ausweis wiederhabe!

Hilton Hotel München City, Zimmer 2012: Wenn abstrakte Muster auf biologische Formen treffen, knirscht es an der Schnittstelle mitunter ganz gewaltig.

27.1.2010
# Frühlingsbeginn mit Fondue gefeiert

So, das war's also. Der Winter ist vorbei. Frühlingshafte Temperaturen in Deutschland. Das wurde auch Zeit. Die Winterschuhe haben ausgedient: Soundmann Ivan (Monitor) trägt weiße, leichte Sportschuhe, Backliner Uli schwarze. Starker Wille, starker Eindruck!
Florian Horwath ist der Name des Künstlers, der bei dieser Tournee (von den Schweiz-Konzerten einmal abgesehen) immer und überall als Gast dabei ist. Er hat eine Band dabei, die Horwaths, bestehend aus Mike, Bongogott und Kirre. Die Musik, die sie spielen, ist schön und toll und so sehen sie auch aus. Sie sind ein großer Glücksfall. Florian kommt aus Wien, das ist stark, die Horwaths überwiegend auch. Sie kommen supergut an. Es ist der Hammer. Alles über die Band, auch, was ja am wichtigsten ist, zum Hören, auf seiner Homepage und bei MySpace. Die neue Platte von Florian Horwath ist bei Universal erschienen und heißt »Speak To Me Now«.

Winter ade: Ein Weinberg in Stuttgart. Bald ist Weinlese und dann wird die Weinkönigin gewählt. Dann mittendrin und voll dabei: Soundmann Ivan und Backliner Uli!

Froh, dass die Zugvögel aus Afrika zurückkommen: Florian Horwath.

Feiert den Frühlingsbeginn mit einem Fondue »Tessiner Art« (mit getr. Tomaten, Oliven und Knoblauch): Käsefreak Christian Komorowski.

28.1.2010
# Lob des Tourmanagers (II)

Der Tourmanager ist ein emotionaler Mensch, niemand weint leichter, niemandem tut es mehr weh als ihm. Das könnt ihr ihm glauben. Aber er zeigt es nicht. Er sagt es, und damit hat es sich. »Das tut mir jetzt mehr weh als dir«, sagt er, und die Nachricht kommt an. Wie überhaupt alle Nachrichten vom Tourmanager. Man liebt ihn, und alle lesen ihm die Wünsche von den Lippen ab, während sie sich die Ohren zuhalten. Denn er kann auch anders.
An Offtagen isst der Tourmanager vegetarisch, zum Ausgleich.

Wenn der Tourmanager sagt, er will in der Hotellobby den größten Lampenschirm der Welt hängen haben, dann kriegt er ihn!

29.1.2010
# Deutschland bleiche Mutter

Während die Horwaths ihre frühe Ankunft (sie fahren im Crew-Nightliner) in Dresden nutzen, sich Wissensvorsprünge in Sachen Dresdner Barock zu verschaffen, geht über Leipzig eine Sonne auf, wie man sie sonst nur von weiter entfernt die Sonne umkreisenden Planeten kennt, eine Deutschland-bleiche-Mutter-Sonne allererster Beklemmigkeit, gut zum Bibeldrucken, nicht aber zum Federballspielen, irgendwie beeindruckend, aber auf eine nicht wirklich angenehme Art – vielleicht war ich doch ein bisschen voreilig mit dem Frühlingsbegrüßen, das denkt auch Hamburg-Heiner, der sich zu dieser SMS hinreißen ließ: »Schluss mit der bloedelei, die Elbe friert zu. Ab jetzt: erbauung oder fressehalten. Gedichte, sudoku, bildung, sowas.«

Okay, hier das Resümee eines Langgedichts aus den 60er Jahren des vorigen Jahrhunderts, der Verfasser ist anonym und den Rest habe ich leider vergessen:

Ein Krach, ein Schrei
Und über die Bühne rollt:
Ein halbes Ei!

Und ein Sudoku für Anfänger:
1    3
3   1   2
2   3
Ergänze die fehlenden Ziffern!

Das Instrument, das Richard Pappik bei den Horwaths spielt, heißt Cajón!

Zander heißt auf englisch pikeperch (Courtesy of D. Young).

Das muss für heute reichen.

Gut zum Bibeldrucken: Sonne über der Autobahn zwischen Leipzig und Dresden!

Mr. Pikeperch himself.

Friert jetzt zu: die Elbe.

30.1.2010
# Leser fragen, der Blogger antwortet (II)

David Y. aus L. fragt: »What happened to the fight club? Why is nobody answering my challenge?«
Sven Regener: Der Fightclub ist geschlossen. Wird renoviert. Der unerwartete Einbruch von Florian Horwath in die Arena mit zwei Blogs zugleich hat eine zu große Schweinerei hinterlassen. David Young hat sich geweigert, unter solchen Bedingungen den Kampf fortzusetzen, und wer kann's ihm verdenken? Ringrichter Heiner H. aus H. hat sich mit sich selbst auf Unentschieden geeinigt, das Preisgeld geht an die christliche Seemannsmission Hamburg-Veddel.
David Y. aus L.: But this is me and I'm still here and none of what you say is true.
Sven Regener: No, it's fiction.
David Y. aus L.: Ah, fiction!

Franklin S. aus W. fragt: Mir gefällt euer Tourbus sehr. Kann der auch nachts fahren?
Sven Regener: Ja. Hier der Beweis:

Blick aus dem Bus bei Nacht. Die Armaturen zeigen, dass er tatsächlich fährt.

Ivan L. aus B. fragt: Manche sagen ja, der Monitormixer hätte den interessantesten Blick auf die Bühne überhaupt. Ist da was dran?
Sven Regener: Urteilen Sie selbst!

Blick eines Monitormixers auf Florian Horwath und Band.

31.1.2010
# Das Wort zum Offtag

»Jeder Fremde, der sich mit dir in die Liebe zu deinen Bergen teilt, sei der Kamerad.«
Luis Trenker, zitiert aus OÖ Nachrichten, Linz, vom 23. Jänner 2010

Das Bild zum Wort zum Offtag.

2.2.2010
# Die internationale Genfood-Mafia benutzt den Obstteller eines Mittelklassehotels in Bielefeld, um ihre teuflischen Produkte zu testen!

Ich fotografierte gerade den Obstteller in meinem Hotelzimmer in Bielefeld, um damit später die anderen neidisch zu machen, als Hamburg-Heiner anrief.
Hamburg-Heiner: Was machst du gerade?
Sven: Ich fotografiere den Obstteller in meinem Hotelzimmer.
HH: Glückliches Deutschland. Was ist denn alles drauf?
Sven: Kiwi, Banane, Birne ...
HH: Das war nur eine Scheinfrage, die war ironisch gemeint.
Sven: ... Weintrauben, Apfel, Orange ...
HH: Ja, ja! Ist ja gut.
Sven: ... rote Johannisbeeren. Wo die die jetzt wohl herhaben?!
Und dann ist da noch ein Irgendwas, das mit Schokolade überzogen ist, ein herzförmiges Ding auf einem Holzstiel, den sie in einen der Äpfel gestochen haben.
HH: Soso! Wie läuft's mit dem Bloggen?
Sven: Schlecht. Es gibt nichts zu meckern. Das ist gut fürs Leben, schlecht fürs Bloggen. Das Bloggen ist doch irgendwie und vor allem zum Meckern erfunden worden, wie soll man das machen, wenn doch alles wunderbar ist, die Tour ist weitgehend ausverkauft ...
HH: Berlin auch?
Sven: Ja. Und Bremen. Und Hannover. Und Köln. Und die ganze Schweiz. Und Österreich. Und Wien. Und was weiß ich. Alles ausverkauft, außer Bielefeld.
HH: Ha! Da kann man doch ansetzen. Was ist da los in Bielefeld?
Sven: Was soll schon los sein? Das Wetter ist scheiße und heute abend kommen viele Leute.
HH: So kann man nicht bloggen.

Sven: Sag ich ja. Wenn man wenigstens eine anständige Verschwörungstheorie am Start hätte, irgend so einen total doofen Quark, den man jetzt unter die Leute bringen könnte, oder eine total bescheuerte, von keiner Ahnung getrübte Meinung ...
HH: Was ist denn unter der Schokolade?
Sven: Welche Schokolade?
HH: Na das herzförmige Ding mit Schokolade drüber, was ist das denn.
Sven (beißt rein, kaut): Das ist irgendwie Schwamm mit Schokolade. Könnte Pflaume sein. Aber wo ist der Kern? Kann man aus einer Pflaume neben dem Kern ein so großes Stück herausschneiden, dass da so ein Herz bei rauskommt?
HH: Ich glaube, da sagt man Stein und nicht Kern. Das heißt Steinobst, nicht Kernobst.
Sven: Das ist schon mal ein gutes Ergebnis für heute, dass das mal gesagt wurde!
HH: Vielleicht eine Neuzüchtung: Steinobst ohne Stein. Genfood, getarnt mit Schokoladenüberzug.
Sven: Die internationale Genfood-Mafia benutzt den Obstteller eines Mittelklassehotels in Bielefeld, um ihre teuflischen Produkte zu testen!
HH: Das ist gut, wird aber schwer zu beweisen sein.
Sven: Seit wann muss man so einen Scheiß beweisen?
HH: Auch wieder wahr!

Das Böse kommt oft unscheinbar daher: Obstteller des Todes!

3.2.2010
# Ostwestfalen, mon amour!

Es ist erfreulich, am Beispiel der Horwaths zu sehen, wie recht ich damals, im letzten Jahr, in meinem Standard-Blog damit hatte, den österreichischen Tourismus nach Deutschland zu fördern. Der Flo, der Mike, der Kyrre – seit sie durch Deutschland unterwegs sind, ist ihr Verständnis und ihre Liebe für unser schönes Land geweckt. Ab jetzt ist »alles einfach nur noch schön und gut« (Mike) für sie, »endlich hab ich's kapiert«, sagte Florian gestern in Bielefeld nach einem ausführlichen Besuch der Bielefelder Innenstadt, und dann sagte er noch: »Hier würde ich gerne mal Urlaub machen«, und ich: »In Bielefeld?« und er: »Aber klar, wo denn sonst?« und ich: »Paderborn ist auch sehr schön und Herford und Gütersloh erst«, und er: »Auch die Menschen. Die Menschen sind schön. Und lieb!«, und so ging das immer weiter, bis es fast unerträglich wurde, eine Orgie in Einverständnis und Angekommensein und Trauerarbeit auch über die verlorenen Jahrzehnte und Jahrhunderte mit dem ganzen Anti-Piefke-Ding, das »aber sowas von daneben ist«, wie Florian wieder und wieder nicht müde wurde zu betonen, »ein so ein feines Land!« und Kyrre immer »Leiwand, Leiwand!« und wie sie nicht genug bekommen konnten von den Informationen, die ich ihnen zur Beruhigung hinwerfen musste wie Fleischbrocken in einen Hundezwinger, Wirtschaftsstruktur von Ostwestfalen, Miele, Gütersloh, Dr. Oetker, so Sachen, kulturell auch, der wahre Heino, Wiglaf Droste und wer sonst noch so von hier kommt ... – das war schon erschütternd zu sehen, wie ausgerechnet Ostwestfalen sie so dermaßen zum Überschnappen brachte, Teutoburger Wald, als die Römer frech geworden, Jugendzentrum Jöllenbeck 1987, Vlotho, Externsteine, Horn-Bad Meinberg, Petra Husemann, das ging alles durcheinander, rauf und runter, sie konnten einfach nicht genug bekommen, sie hätten das nie gedacht, sagten sie, »Ich hätte das nie gedacht«, sagte Florian, und Kyrre bestätigte ihn darin nur nickend, »Ich auch nicht«, sagte er, »Ich schon mal dreimal

nicht, nie hätte ich das gedacht, dass die Externsteine das deutsche Stonehenge sind«, sagte er, »Nur viel schöner!«, fiel ihm Florian ins Wort und Mike tanzte dazu.
Nur der Bongogott, der hier in der Nähe aufgewachsen ist, allerdings auf der niedersächsischen Seite der Weser, lächelte fein und schweigsam in sich hinein, und man weiß noch immer nicht, wie man dieses Lächeln deuten soll!

Völlig aus dem Häuschen: Ostwestfalen-Connaisseure!

Ostwestfale (links): »Schön und lieb!«

4.2.2010

# Versuch über den ruhigen Tag (mit Lied)

Ein ruhiger Tag. Sehr ruhig. Gestern in Bochum die Ruhr-2010-Supersause mit Jahrhunderthalle, über 3000 Leuten und Bernd Kowalzik auf der Aftershowparty, heute alles ruhig. Sehr ruhig. Früher, als man noch neu im Tourgeschäft war, wäre so ein ruhiger Tag nicht möglich gewesen, das hätte man niemals zugelassen, dass so ein Tag auf Tournee so ruhig vor sich hin plätschert, weil man dann Angst gehabt hätte, dass man so dermaßen abschlafft im Verlauf eines solchen ruhigen Tags, dass man abends auf der Bühne den Biss nicht hat. Heute sieht man das gelassener und weiß, dass es diesen direkten Zusammenhang nicht gibt, man kann den ganzen Tag die Sau rauslassen und umeinanderlaufen wie Hühner bei Gewitter, und dennoch oder gerade deshalb am Abend irgendwie tatsächlich oder auch nur eingebildet abgeschlafft in den Seilen der eigenen Songs gerade so auf den Beinen sich noch halten, wie man aber auch andererseits einen mehr als ruhigen, einen schon geradezu phlegmatisch oberverschnarchten Tag durchstehen und am Abend auf der Bühne dennoch das Tier der Tour an sich sein kann. Oder umgekehrt. Denn das ist ja überhaupt der Grundfehler, dass immer dauernd alles miteinander in Beziehung gesetzt und unter Wechselwirkungsverdacht gestellt wird, wo es doch tatsächlich in dieser Welt im allgemeinen und in der Welt des Rock 'n' Roll im besonderen meistens so ist, dass das eine mit dem anderen mal wieder nichts, aber auch gar nichts zu tun hat.

**Das Lied von Koinzidenz und Kausalität**

Zwischen dem, was man trinkt
Und dem Lied, das man singt
Zwischen dem, was man weiß
Und dem was man meist
Dann zu sagen sich traut

Zwischen dem, was man haut
Und dem, was man liebt
Es im Grunde nur wenig
Zusammenhang gibt

Kühner Versuch, alles in einem Aufwasch zu erledigen:
Rewirpowerstadion (Bochum)

Gelungene Symbiose: Bernd Kowalzik und Ruhrgebiet!

5.2.2010
# Wer ist »wir«?

Das Telefon klingelte genau in dem Moment, in dem wir die niedersächsisch-hamburgische Landesgrenze auf der A7 überquerten, also kurz vor Harburg, direkt bei Klein Moor, das liegt zwischen Groß Moor und Gut Moor, und das war schon gespenstisch, diese Präzision, aber natürlich auch albern, was will er damit erreichen?
Hamburg-Heiner: Das ist mir aber jetzt schon aufgefallen, dass du neuerdings das »sich« in deiner Prosa auf eine Weise hintanstellst, wie es nur adornobesessene Kulturwissenschaftler der frühen 80er Jahre noch sich trauen, Freund!
Sven: Man könnte tagelang damit sich vergnügen, es würde auf Dauer aber als prätentiös sich entlarven, fürchte ich. Deshalb mal was anderes: Wirst du heute abend in der Alsterdorfer Sporthalle sein?
HH: Die eigentlich unter dem Namen »Sporthalle Hamburg« firmiert.
Sven: Was ein bisschen seltsam ist, so als ob es in Hamburg nur eine einzige Sporthalle gäbe.
HH: Für die, die die Halle betreiben, ist das vielleicht so. Da liegt die Einzigartigkeit ja auch mal im Auge des Betrachters.
Sven: Was meine Frage nicht beantwortet.
HH: Die Antwort ist: nein. Wir sitzen hier in der Wilhelmsburg-Fähre und warten auf den Eisbrecher, das kann dauern.
Sven: Wer ist »wir«?
HH: Ich und die dreihundert Erstsemester, die in ihre Proseminare wollen. Wilhelmsburg ist ja mittlerweile das deutsche Stanford! Nur anders.
Sven: Kommt ihr klar, oder braucht ihr irgendwas?
HH: Ich bin okay, aber die Erstsemester machen sich Sorgen wegen dem Mensa-Essen, dass die das verpassen.
Sven: Wir haben die Rote Gourmet Fraktion dabei. Die leisten Übermenschliches.
HH: Ich ruf noch mal an. Ich muss jetzt auflegen, die werden

unruhig, die Erstsemester, da muss man sich kümmern, die kennen das noch nicht mit dem Hamburger Winter!
Und weg war er. Wird der Eisbrecher kommen? Wird es ein Wiedersehen geben?

Sporthalle Hamburg: »Einzigartigkeit im Auge des Betrachters«.

Warten auf den Eisbrecher: Deichgraf und Erstsemester.

6.2.2010
# Die Samba-Karnevals-Straßenbahnfahrt von Bremen!

Ich dachte ja eigentlich, ich hätte in dem schon erwähnten Standard-Blog alles über Bremen gesagt, man muss sich da ja kurzfassen, aber auch präzise sein, beim Österreicher zählen nur Fakten, Lakonie und Nachhaltigkeit, aber nun habe ich auf meine alten Tage noch von etwas erfahren müssen, was es wohl schon sehr lange gibt, von dem mir meine Bremer Informanten aber nie, nie, nie etwas gesagt haben: Die Bremer haben, darauf bestehen sie, den größten Samba-Karneval Europas. Und deshalb fahren die Straßenbahnen heute etwas anders durch die Gegend, die Linie 3 Richtung Gröpelingen fährt zum Beispiel teilweise auf der Strecke der Linie 10, und kam so zu einer Streckenführung, wie es sie vielleicht nur zum Samba-Karneval gibt, wer weiß. Und ich durfte dabei sein, ich lief von Radio Bremen, dessen Haltestelle nicht bedient wurde, bis zum Berufsschulzentrum und stieg dort an der Haltestelle Doventor (sic!) in die Linie 3 nach Gröpelingen. Hier mein Fotobericht über eine Samba-Karnevalsfahrt, die ich so schnell nicht vergessen werde.

Doventor.

Lloydstraße.

Haferkamp.

Hansator.

Grenzstraße.

Elisabethstraße.

Emder Straße.

Jadestraße.

Grasberger Straße.

Goosestraße.

Use Akschen.

Kap-Horn-Straße.

Gröpelingen.

9.2.2010
# Genfood, Hartz IV, Afghanistan, Merkel, Königgrätz, Bachelor-Studiengebühr, Naher Osten, Atommüll!

Flug nach Wien: Am Flughafen Tegel kommt es im Vorgriff zum Zusatzkonzert in München (morgen dann) schon mal zum Hofbräuhaus-Frühstück: japanischer grüner Tee und Brezel bzw. Brezn. Egal, was man dagegen macht: Irgendwann nimmt einen die Folklore, die einem bei einer solchen Tournee kreuz, quer, hin und her durch Mitteleuropa natürlich an jeder Ecke begegnet, und der man immer und immer wieder blogweis gesehen natürlich auszuweichen bemüht ist, dann doch in die seelische Beinschere. Sei's drum: Beim Konzert München II (das wird jetzt alles mal durchnummeriert wie bei den Brokdorf-Demonstrationen in den 70ern) werden Coconami Vorgruppe sein, da kann ein bisschen vorfreudige Einstimmung nicht schaden! Und da klingelt auch das Telefon.
Hamburg-Heiner: Das franst jetzt aber ein bisschen aus mit dem Blog, da sind sich hier alle einig.
Sven: Wer ist alle?
HH: Ich und die freiwillige Deichwehr. Die Erstsemester. Muss ich dir doch nicht erklären.
Sven: Nein, aber den Lesern vielleicht mal. Vielleicht wäre es überhaupt mal an der Zeit, mal irgendwas zu erklären. Auch, warum das alles jetzt so ausfranst, ich meine: Warum soll es dem Blog besser gehen als etwa der Tour. Die franst jetzt ja auch irgendwie aus. Jetzt ist die Rote Gourmet Fraktion weg. Und der Band-Bus. Und wir fliegen nach Wien.
HH: Richtig so mit Flugzeug und allem?
Sven: Ja. Voll so USA-mäßig, heute Denver, morgen Cleveland, so in der Preislage sind wir jetzt unterwegs.
HH: Stark!
Sven: Und dann von Wien nach München mit dem Zug. Und dann von München nach Dresden mit dem Crew-Nightliner!

HH: Und die lassen euch da rein, die Crew? Wie sind die denn drauf?
Sven: Die sind auch geschwächt, die haben die halbe Mannschaft verloren, einige kommen in München wieder, aber die Catering-Leute sind halt weg.
HH: Hart. Das sollte man vielleicht wirklich mal erklären, warum da auf den letzten Drücker noch alle möglichen ungewohnten Reisemittel ins Spiel kommen, das ist ja gespenstisch.
Sven: Da sagst du was!
HH: Nun aber los!
Sven: Also das ist so: Eigentlich sollte die Tour in Zürich beginnen und in Berlin aufhören. Von Süd nach Nord, von Fern zu Nah, von Rösti zu Bulette, von Fondue zu Bollenfleisch, von ...
HH: Jetzt hör mal mit dem Folklorekram auf, das nervt! Das sind doch alles bloß tausendmal zu Tode gerittene Schindmähren der Stereotypie!
Sven: Das ist aber nur wegen dem Essen auch, weil doch die RGF-Leute jetzt weg sind, Ole und Nadine, mein Gott, was haben die da an Essen an den Start gebracht, das war ja ...
HH: Sven! Reiß dich zusammen!
Sven: Das ist ein bisschen so Rex-Stout-mäßig, so Nero-Wolfe-artig gelaufen, man kam ja nicht mehr auf die Straße, weil, wie hieß der Koch von Nero Wolfe noch mal?
HH: Fritz, das weiß doch jeder.
Sven: Ja, der war Schweizer, aber jedenfalls Ole und Nadine ...
HH: Sven, hör auf damit. Erklär mal lieber, warum die nicht mehr dabei sind!
Sven: Naja, eigentlich sollte das von Zürich bis Berlin gehen und zwischendrin, im Anfangsteil, irgendwie mit Innsbruck und Linz zusammen, sollte auch Wien sein, aber dann hat die Regine Steinmetz gesagt, Wien nicht im Januar, Wien im Januar ist nicht gut, hat sie gesagt, Wien machen wir mal lieber im Februar ...
HH: Warum? Weil dann im Prater wieder die Bäume blühen?
Sven: Ich weiß nicht, wahrscheinlich. Jedenfalls Regines Nein Gesetz und dann Wien hintendrangehängt, schon mal irgendwie so weit weg, dann nach Berlin gleich mal mit dem Flugzeug,

und dann können wir im Gasometer dort unsere eigene PA nicht mitbringen, nur die Monitore und Mischpulte, nicht aber das Holz, schon mal ein LKW weg und die drei Crew-Leute, die das sonst aufbauen, und ein ganzer Offtag für die RGF, nur um dann nach Wien und dann für soviel weniger Leute kochen auch Quatsch, die auch weg, heute abend Schnitzel, immerhin. Und dann Bandbus auch weg, weil wenn die Band fliegt, was soll das dann noch mit dem Bus für den einen Gig, das lohnt sich nicht, und dann kamen ja überhaupt erst München II und Dresden II dazu, weil die so früh ausverkauft waren, und das bißchen von Wien nach München kann man auch laufen, sagt Koopmann, haha, und dann also Zug, weil die Hotelzimmer kannst du nimmer stornieren, sagt die Regine, die müssen eh bezahlt werden, dann kann man sie auch gleich nehmen und da schlafen, statt overnight mit dem Crew-Bus, aber von München nach Dresden dann damit weiter, also mit dem Crew-Bus jetzt, und …
HH: Sven!
Sven: … das geht dann natürlich auch, ich meine, da sind jetzt ja fünf, sechs Leute weniger im Crew-Bus, obwohl das ja eigentlich schon kein Bus mehr ist, sondern eben ein Nightliner, weil …
HH: Sven! Du hast einen Laberflash! Stopp jetzt!
Sven: … ich ja noch genau weiß, wie ich zu dem Elmer zum Beispiel damals …
HH: Schluss! Aus! Aus! Das Spiel ist aus!
Sven: Welches Spiel?
HH: Das will doch kein Mensch lesen, Sven. Das ist doch sinnlos. Hast du dir mal die Kommentare angeguckt?
Sven: Nein, das mach ich doch nie!
HH: Ich weiß, aber hast du mal geguckt, wo du am meisten Kommentare hast?
Sven: Nein, wo?
HH: Bei der Sache mit dem Genfood. Und weißt du, warum das so ist?
Sven: Du wirst es mir sagen!
HH: Weil die taz-Kommentarleute sich nicht für den Rock-'n'-Roll-Scheiß interessieren. Weil die das alles gar nicht lesen. Die

gehen nur nach den Überschriften und dann schreiben die unten irgendwas rein, so sieht das aus. Schreibst du oben Genfood rein, gehen bei denen die Lampen an und dann schreiben die unten was rein, weil sie Meinung haben. Ganz viel.
Sven: Die Kommentar-Leute jetzt?
HH: Ja, alle Kommentar-Leute bei allen Blogs, die marodieren da quer durch die Blog-Landschaft und reagieren auf bestimmte Stichworte und schreiben dann was rein und dann heidewitzka. Scheißegal, was der Blogger schreibt.
Sven: Echt?
HH: Probier's halt mal aus. Beim Standard-Blog, wo gab's die meisten Kommentare? Da, wo Königgrätz im Titel stand. Da gehen die da steil, die Kommentierer.
Sven: Wobei die in Österreich nicht kommentieren, sondern posten, das sind da ja keine Kommentare, das heißt da Postings. Die österreichischen Kommentierer sind mehr so Postler.
HH: Das müsste man mal ausprobieren, ob das funktioniert. Einfach mal auf die Reizwort-Tube drücken und gucken, wieviel Kommentare das abwirft.
Sven: Genfood!
HH: Hartz IV!
Sven: Afghanistan.
HH: Merkel.
Sven: Max oder Angela?
HH: Das hängt davon ab, ob Österreich oder Deutschland, denk ich mal.
Sven: Königgrätz.
HH: Bachelor-Studiengebühr!
Sven: Naher Osten. Atommüll!
HH: Das dürfte für 25 bis 30 Postings reichen, denke ich.
Sven: So was ist soziologische Feldforschung. Im Internet. Umsonst!
HH: Auf jeden!
Sven: Stark!
HH: Auf jeden!
Sven: Kein Scheiß!
HH: Auf keinen!

Coconami-Frühstück: Brezel und grüner Tee.

Arena Treptow, Berlin, während des Soundchecks vom Gesangsmikrofon gesehen.

Wenn das Max Merkel wüsste: In diesem Raum wurde das nebenstehende Plattencoverfoto geschossen!

Stark!

10.2.2010

# Das deutsche Las Vegas – Versuch über die Kultfabrik

Die sog. Kultfabrik in München ist gar keine Fabrik, sondern ein Gelände, sie ist Europas größtes Party-Areal, ein Vergnügungszentrum, bestehend aus unzähligen Clubs, Discos, Kneipen, Imbissen, Restaurants usw. Sie ist Nachfolgerin des sog. Kunstpark Ost. Hier steht die auch Tonhalle, in der wir neulich schon und heute abend wieder spielen. Die Kultfabrik, die von vielen immer noch Kunstpark Ost genannt wird, weil sie ja die Nachfolgerin ist, so wie ja auch ältere Menschen oft noch »Brenninkmeyer« sagen, wenn sie C&A meinen, und auch damit nicht unrecht haben, die Kultfabrik hat bei vielen Leuten keinen guten Ruf, weil sie trashig und billig daherkommt, aber das tun Coney Island und Las Vegas auch; manche Leute finden es doof, dass hier die ganzen Menschen aus dem Umland herkommen und am Wochenende einen draufmachen, dass es scheppert. Aber das gilt für Coney Island, Brighton und Las Vegas auch. Saufen bis zum Kontrollverlust? Bei Nicholas Cage in Leaving Las Vegas sogar bis zum Tode! Gewalt, Drogen, org. Kriminalität? In Atlantic City keine Unbekannten!
Was ist schiefgelaufen? Was haben Cesar's Palace und Coney Island Rollercoaster, was Titty Twister und Schlagergarten nicht haben? Wo sind die Künstler, die Filme wie »Leaving Kultfabrik« oder »Gerolsteiner Straße 11« drehen? Wo sind die Lieder und Romane, die davon handeln, welch melancholisch-barocke Kraft diesem Ort innewohnt, der auf so rührende Weise das verzweifelte Streben des Menschen nach ein bisschen Glück, Unterhaltung und Rausch symbolisiert wie kein zweiter in Deutschland? Diese kleine Fotostrecke soll ein Anfang sein, nicht mehr, nicht weniger. Ein Anstoß für eine konzertierte Aktion deutscher Künstler, dem größten Party-Areal Europas etwas mehr Respekt und Beachtung zu verschaffen. Die Filme, Romane und Lieder werden folgen, und dann ist alles gut!

Metropolis Music Hall.

Kantine.

Titty Twister.

Americano's Bar Club.

Tonhalle.

Mr. Curry Wurst.

Rafael Der Club.

Roses Clubbar.

Zwei Boxgeräte in der Nähe des Eingangs.

Koi.

La Tropicana.

Q.

New York Table Dance Bar.

SchlagerGarten.

Kalinka.

willenlos.

Bamboo Beach.

16.2.2010

# Ausgespielt!

In meiner mehr als nur politischen Jugend las ich einmal einen im Endeffekt sehr suggestiven Roman, der zur Zeit des Kapp-Putsches spielte und von der Entstehung, dem Kampf und der Niederlage der Roten Ruhrarmee erzählte, und das war ein sehr dramatisches, düsteres Buch voller Endzeitstimmung, und die zwei Protagonisten, beide Kämpfer und Anführer der Roten Ruhrarmee, überlebten die ganze furchtbare Sache nur sehr, sehr knapp, um sich dann aber, im letzten Kapitel, völlig überraschend einige Zeit später bei sonnigem Wetter am Rheinufer im Düsseldorf wiederzutreffen. Dort saßen sie dann auf einer Terasse, bestellten einen Kaffee und plauderten ein wenig, wie's denn so geht usw. Starker Kontrast. Ganz normales Leben plötzlich. Nichts mehr von Kampf bis zum Ende, keine Roten Armeen mehr, keine Märsche auf die Zitadelle Wesel usw., stattdessen weißes Porzellan, Sonnenschein, draußen gibt's nur Kännchen und das ganze Programm. Sehr beeindruckend.
Ganz ähnlich mein Gefühl, als zwei Tage nach Ende der Tour das Telefon klingelte und Hamburg-Heiner dran war. Die ganze Spannkraft weg. Adrenalin, Endorphin, Melatonin, Insulin, Hämoglobin, Hängolin – alles futsch. Stattdessen saß ich mit Jakob und Richard im Tritonus-Tonstudio, dem Berliner Äquivalent eines sonnigen Rheinuferterrassencafés, und hörte die Bluebird-Tapes ab, jene Aufnahmen, die wir in Bremen und Wien gemacht haben, um sie demnächst bei iTunes zu verscheuern, damit sich jeder mal ein Bild davon machen kann, was wir in diesen dreieinhalb Wochen Tour eigentlich getrieben haben. Denn um ehrlich zu sein: Aus diesem Blog ist davon nicht viel zu entnehmen. Man ist zwar in der Lage, längst verschwundene Galaxien anhand ihrer noch immer frei flottierenden Hintergrundstrahlung zu rekonstruieren, aber man kann die Livekonzerte der Gruppe Element of Crime ganz gewiss nicht aus dem unrettbar sprunghaften Geschreibsel eines ihrer Mitglieder, und sei es gleich der Sänger, auch nur in Umrissen erahnen, das läuft

nicht, da ist die Macht des geschriebenen Wortes begrenzt. Nun aber Hamburg-Heiner am Telefon und gleich mittendrin:
Hamburg-Heiner: Wie klingen die Aufnahmen?
Sven: Gut. Wir nehmen die, die Dave von Otto in Wien und Olaf in Bremen hat machen lassen. Wo die so im Publikum standen mit der kleinen Tascam-Maschine und die hochhielten und so den Sound mitgenommen haben, das klingt sehr, wie soll ich sagen, authentisch!
HH: Authentisch ist Quatsch.
Sven: Ja logo, aber irgendwie auch gut. Ich meine, wenn schon Bluebird-Tapes, denn schon Bluebird-Tapes.
HH: Kannst du das nicht alles mal in Ruhe erklären?
Sven: Nein, hier nicht, hier ist taz online, da hat so was keinen Platz, das ist ja auch Werbung irgendwie, das käme mir wie Missbrauch vor, die taz ist ja werbefrei, und da will man hier ja nicht wirklich mit Konsumterror anfangen. Wir erklären das alles demnächst in Ruhe auf www.element-of-crime.de. Da kann man sich auch für den Newsletter eintragen, wenn man informiert werden will, wann das zu haben ist und so weiter und so fort, nicht aber hier, hier bleibt alles sauber und rein, hier würde ich höchstens Werbung für Bio-Eier machen, aber dann kommt der Veganer auf einen nieder und dann ist das auch wieder nicht recht!
HH: Vor Veganern habe ich keine Angst, die tun einem nichts, wenn man keine Pflanze ist. Aber mit Pflanzen haben sie kein Mitleid!
Sven: So ist jeder auf seine Art hart drauf.
HH: Was ich an diesem Blog irritierend finde: Dass ich über das Konzert in München und Dresden nichts lese. Über Dresden überhaupt gar nichts.
Sven: Das Problem ist ja blogtechnisch, dass das Zusatzkonzerte waren, dass wir also in München und Dresden schon einmal vorher gespielt hatten, das ist doch das Problem.
HH: Wo ist denn da das Problem? Als ob man über München und Dresden nur einmal bloggen könnte? Es gibt Menschen, die bloggen jeden Tag aus München und aus Dresden über München und über Dresden, auch ohne Konzert, ohne Vorgruppe, ohne alles, und die kommen super damit klar.

Sven: Vorgruppe! Vorgruppe ist gut. Also in München waren Coconami als Vorgruppe dabei und in Dresden war es Maike Rosa Vogel. Die beiden sollte man unbedingt beachten, überhaupt immer, das wollte ich auch noch mal sagen! Und Trummer, der in Bern dabei war, der wurde gar nicht genug gewürdigt.
HH: Ist das also auch erledigt. Das war's dann also?
Sven: Ja, das war's.
HH: Dann mach ich jetzt mal das Licht aus.
Sven: Mach's gut, Hamburg.
HH: Keine Sentimentalitäten, bitte!

Und damit legte er auf.

Frei flottierende Hintergrundstrahlung: Element of Crime während des Konzerts in Hamburg, Alsterdorfer Sporthalle (Foto: Ch. Goltermann).

Spielplan mit winklerscher Patentfaltung: So sieht er aus, wenn er abgespielt ist!

# Inhalt

**Berlin.de-Blog**
19.9.2005 bis 7.10.2005     5

**Zuender.zeit.de-Blog**
1.12. bis 24.12.2005     37

**Element-of-Crime-Tourblog 2007**
element-of-crime.de
20.2.2007 bis 10.3.2007     81

**Sex-auf-der-Buchmesse-Blog**
spiegel.de
14.10.2008 bis 18.10.2008     125

**Nashville-Blog**
element-of-crime.de
14.5.2009 bis 25.5.2009     161

**VÖ-heißt-nicht-Vorderes-Österreich-Blog**
standard.at
4.9.2009 bis 18.9. 2009     241

**Die-letzte-U-Bahn-geht-später-Blog**
laut.de
Zeitraum: 18.9.2009 bis 29.9.2009     285

**Männer-mit-Spielplan-Blog**
taz.de
18.1.2010 bis 16.2.2010     333